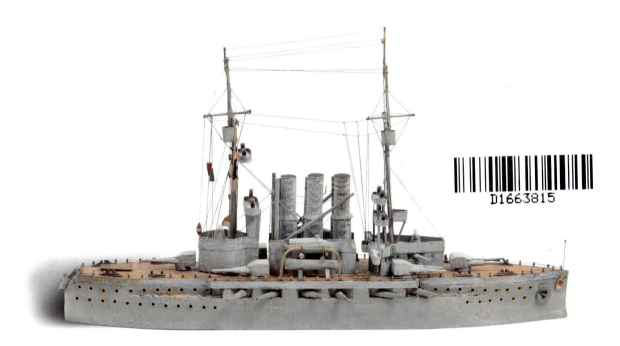

Matrosenstolz

Dünkel und Drill herrschen bei der Marine: Die Offiziere kommandieren und schikanieren, die Mannschaften leiden leise. Doch auch sie sind stolz auf die Flotte. Hat der Kaiser nicht gesagt, die Zukunft des Reiches liege auf dem Wasser? Sind sie es nicht, die den Platz an der Sonne erkämpfen? Tage, Wochen werkelt im Sommer 1913 ein Matrose der *SMS Helgoland* an einem Holzmodell seines Schiffes – Maßstab 1:300, gut 60 Zentimeter lang, mit Schornsteinen, Geschützen und Geschützchen, Masten und Reling, Bullaugen und Helgolands grün-rot-weißem Wappen am Bug.

Acht Jahre später, im August 1921, ist die kleine *Helgoland* die einzige, die es noch gibt – das große Linienschiff wird in England abgewrackt. Der Krieg ist lange vorbei, der Kaiser gestürzt, die Flotte verloren. Nur einmal war die *Helgoland* zu einer Seeschlacht ausgelaufen, Ende Mai 1916 in den Skagerrak. Nun ist aller Stolz dahin.

Dass dieses Modell mehr als hundert Jahre überlebt und heute im Marinemuseum in Wilhelmshaven steht, verdankt es einem besonderen historischen Augenblick: Am 30. Oktober 1918 sind es die Matrosen der *Helgoland,* die auf Reede vor Wilhelmshaven Befehle verweigern, das Feuer unter den Kesseln löschen, Offiziere entwaffnen und auf dem Mast die rote Fahne der Revolution hissen. Darauf können sie tatsächlich stolz sein. **FLO**

KEINE MUNITION MEHR FÜR KRIEG UND KAISER: Arbeiter und Angestellte demonstrieren im November 1918 in Berlin

Die große Chance

Diesem Anfang wohnt ein Zauber inne. Matrosen verweigern sinnlose Befehle, versagen dem Krieg die Gefolgschaft. Ein beispielloser Vorgang in der um sinnlose Befehle nicht verlegenen deutschen Militärgeschichte. Aus dem Ungehorsam erwächst ein Umsturz, aus Meuterei wird Rebellion – überall im Reich fegt die Bewegung die gestrige Ordnung hinweg. Binnen weniger Tage gelingt ihr, was die Barrikadenkämpfer von 1848 nicht geschafft haben: Widerstandslos danken Kaiser und Fürsten ab, die jahrhundertealte Macht der Majestäten verdampft wie Schnee in heißer Sonne. Auch das: ziemlich einmalig.

Doch viel Sonnenschein liegt nicht auf dem Bild, das sich Zeitgenossen von den Umwälzungen vor 100 Jahren machen. Für die Rechte wie die Linke riecht es nach Verrat – an den »unbesiegten« Frontkämpfern oder an den Radikalen der Rätebewegung. Dabei könnten die Revolutionäre stolz sein: auf die Republik, das fortschrittliche Wahlrecht, die moderne Verfassung. Später ist es der Untergang genau dieser Errungenschaften, der einen Schatten auf 1918 wirft. Solange Historiker die Weimarer Republik von ihrem düsteren Ende her denken, gilt ihnen der Neuanfang unweigerlich als erster Schritt in Richtung Höllensturz. Übrig bleibt bestenfalls eine Revolution in Anführungszeichen, ein »halbherziger« oder »unvollendeter« Versuch.

Dieses Heft möchte zeigen, dass die Revolution von 1918 kein Anfang vom Ende war. Sie war *die* Revolution, die der Demokratie in Deutschland den Weg bahnte. Wer die Offenheit des historischen Moments anerkennt, die Chancen Weimars sieht, spürt den Zauber dieses Anfangs – bei allen Fehlern und Unterlassungssünden, die im Rückblick offenkundig werden. Die hier versammelten Autoren diskutieren Verdienste und Versäumnisse der Revolution gleichermaßen. Ihr Urteil ist keineswegs einmütig: Der Streit um die Revolution dauert an, auch in den Beiträgen dieses Heftes.

Kontrovers bewertet die neueste Forschung vor allem die Bedeutung der Gewalt. In Berlin brennt die Luft, aber verglichen mit der Französischen Revolution 1789 oder der Russischen Revolution 1917 bleibt der Umsturz in Deutschland erstaunlich friedlich. Trotzdem wird der Terror der Freikorps zur Erblast für die junge Republik – und zum historischen Lehrstück, wie Furcht und Panik in Gewalt umschlagen können. Es lohnt sich, mit dem Historiker Mark Jones die Perspektive zu wechseln und von den Amtsstuben auf die Straße zu schauen, dorthin, wo Gerüchte grassieren, Falschmeldungen blühen und die Angst regiert. Wo eine taumelnde Gesellschaft anfällig wird für radikale Antworten. Genau vor 100 Jahren. Als wäre es gestern.

FRANK WERNER
Chefredakteur

6/18 INHALT

3 Fundstück

6 Zwischen den Zeiten
Von der Niederlage zum Aufstand: Bilder eines Landes im Ausnahmezustand

14 Die umkämpfte Revolution
Gescheitert, vergessen oder geglückt? Bis heute ist umstritten, wie der Umsturz von 1918 zu deuten ist *Von Alexander Gallus*

22 Die letzte Schlacht
Für die Niederlage wollen die Generale nicht verantwortlich sein – und machen die Demokraten zum Sündenbock *Von Volker Ullrich*

28 Lieber rot als tot
Wie Matrosen in Kiel das Feuer der Revolution entfachen *Von Ralf Zerback*

34 »Es gehorcht ja kein Mensch mehr«
In rasendem Tempo breitet sich der Aufstand aus. Als er Berlin erreicht, weicht das Kaiserreich der Republik *Von Klaus Latzel*

42 Pakt mit den Patriarchen
Die unwahrscheinliche Allianz von Unternehmern und Gewerkschaften *Von Irmgard Steinisch*

44 Der Präsident
Friedrich Ebert, Wegbereiter der Demokratie in Deutschland. Ein Porträt *Von Bernd Braun*

50 Wie Diebe in der Nacht
1918 ist die Zeit der deutschen Fürsten und Fürstlein abgelaufen *Von Benedikt Erenz*

58 Volkswehr oder alte Garde?
Die SPD setzt auf kaiserliches Militär, statt eine Revolutionsarmee zu bilden *Von Wolfram Wette*

60 »Entsetzliche Knallerei«
Es war keine friedliche Revolution: Auf den Straßen Berlins lässt die Regierung die Gewalt eskalieren *Von Mark Jones*

71 Fatale Fake-News
Wie ein erfundenes Massaker zum berüchtigten Schießbefehl Noskes führt *Von Markus Flohr*

72 Nach Anruf Mord
Rosa Luxemburg und Karl Liebknecht fallen einem Komplott zum Opfer. Bis heute ist unklar, was höchste Stellen wussten *Von Andreas Molitor*

78 Ein erhebender Moment
Nach jahrzehntelangem Kampf bekommen Frauen das Wahlrecht *Von Birte Förster*

82 »Die demokratischste Demokratie der Welt«
Die Weimarer Republik auf dem Weg zu einer modernen Verfassung, die besser ist als ihr Ruf *Von Benjamin Lahusen*

88 Aufstand im Revier
Im Ruhrgebiet streiken die Bergarbeiter für mehr Lohn und für Mitbestimmung *Von Wolfgang Niess*

92 Rote Träume, Weißer Terror
Bayern wird Republik: Auf den Spuren der Revolution in München. Eine Reportage *Von Christoph Dieckmann*

98 Hat die SPD die Revolution verraten?
Die Historiker Walter Mühlhausen und Karl Heinz Roth im Streitgespräch über Eberts Pakt mit den alten Eliten

102 Putsch von rechts
Im März 1920 übernehmen Freikorps die Macht – und die Reichswehr schaut zu *Von Johannes Hürter*

UNTERM HAKENKREUZ
Helm der Brigade Ehrhardt aus der Zeit des Kapp-Putsches

109 Babylon Ballhaus
Mitten in der Revolution beginnen die Menschen zu tanzen *Von Judith Scholter*

110 Chronik

112 Bücher / Bildnachweise / Impressum

114 Vorschau

▶ Weitere Texte im Internet:
www.zeit.de/zeit-geschichte

TITEL: Demonstration am 9. November 1918 in Berlin (Montage)

Zwischen den Zeiten

AUFBRUCH IN DIE DEMOKRATIE Die SPD ist die wichtigste politische Kraft der Revolution. Friedrich Ebert stellt die Weichen für die Weimarer Republik. Am 10. Dezember 1918 begrüßt er am Brandenburger Tor heimkehrende Gardetruppen

Die Revolution im Winter 1918/19 steckt voller Gegensätze: Die Menschen atmen den Geist der Freiheit, doch die Bewältigung des Krieges, Hunger und Gewalt bestimmen den Alltag. Bilder eines Landes im Ausnahmezustand

LEBEN MIT DER NOT Hunger und Entbehrungen prägen die Monate nach dem Krieg. Berliner machen sich über ein Pferd her, das bei einem Gefecht zwischen Aufständischen und Regierungstruppen getötet worden ist.

VERWÜSTETE STADT Splitter und Schrott liegen herum, Soldaten stehen am Feldgeschütz: Wie an der Front wird im März 1919 in Berlin gekämpft, als bewaffnete Arbeiter rebellieren. Foto von einer Straße nahe dem Alexanderplatz

NEUE STIMMEN Zum ersten Mal dürfen Frauen am 19. Januar 1919 wählen und sich zur Wahl stellen. Die SPD-Politikerin Marie Juchacz ist die erste Abgeordnete, die in der Nationalversammlung spricht. Hier ist sie im Mai 1919 bei einer Kundgebung in Berlin zu sehen

Die umkämpfte Revolution

Die Linken witterten Verrat, die Rechten ein Verbrechen.
Lange hat dieser Streit den Blick auf die Leistungen
der Revolutionäre von 1918/19 verstellt –
und darauf, was ihr Ringen über die Demokratie erzählt

VON ALEXANDER GALLUS

Die Euphorie währt nicht lange. Am Anfang aber ist sie da. Wer die Morgenausgabe des *Berliner Tageblatts* vom 10. November 1918 aufschlägt, kann von einem Triumph der Revolution lesen, von »ersten Freudenkundgebungen« und dem »Jubelrausch« eines Volkes, das »zur Selbständigkeit« gelangt sei. Die Französische Revolution mit ihrem Bastille-Sturm dient als Vergleich für diese neue, im Herzen Berlins angekommene »größte aller Revolutionen«. So überschwänglich beschreibt der prominente liberale Journalist Theodor Wolff den Umsturz vom Vortag. Nicht nur die Wucht der Ereignisse nötigt ihm Respekt ab, sondern auch das erstaunliche Maß an Temperiertheit, Ordnung und Rücksichtnahme, das diese Revolution erst wirklich groß mache.

Das Lob gilt vor allem Friedrich Ebert, der am 9. November, nach der Ausrufung der Republik und der Abdankung Kaiser Wilhelms II., als neuer Reichskanzler das Ruder übernommen hat. Ebert wisse, wie sehr »eine Revolution, die fleckenlos dastehen will, dem besiegten Gegner mit Schonung und Menschlichkeit zu begegnen hat«. Auch wenn die aufregenden Tage kein »Schauspiel für Nervenschwache« seien, glaubt Wolff an einen geordneten, friedlichen Übergang. Die Symbole des Ancien Régime seien zu entfernen, nicht zu zerschlagen: »Ein reifes, verständiges Volk schafft sie, ohne etwas zu zerbrechen, fort.«

So lässt sich für den bürgerlichen Zeitdiagnostiker der gesellschaftlich-politische Fortschritt vorantreiben. Nicht durch eine Revolution im Sinne einer alles niederwalzenden Geschichtslokomotive wie in marxistischer Vorstellung, sondern entlang einer sorgfältig geplanten Strecke, mit verantwortungsvollen Weichenstellern und einem behutsamen Lokführer, der bereit ist, auch mal die Bremse zu ziehen. Auf diese Weise wollen die Anhänger liberal-bürgerlicher Politik im Verbund mit Ebert und den gemäßigten Sozialdemokraten das neue Deutschland gestalten.

Es kommt anders. Die bürgerlich-sozialdemokratische »Weimarer Koalition« zerbricht schon im Juni 1920, zu einem Zeitpunkt, als die Euphorie längst verflogen ist und niemand mehr über die Revolution jubelt. Die Parteien, die sie getragen haben, können keine Kraft mehr aus ihr saugen. Die Revolution findet keinen Eingang in den nationalen Mythenhaushalt, aus ihr wird kein positiver Erinnerungsort. Stattdessen spaltet sie Politik und Gesellschaft. Wie ist das zu erklären?

Dass es von Anfang an keinen Konsens in der Bewertung gibt, hat mit der gemischten Bilanz dieser Revolution zu tun. Ihr größter Erfolg war zweifellos der gelungene Systemwechsel von der konstitutionellen Monarchie zur parlamentarischen Demokratie: Erstmals in der deutschen Geschichte galt das Prinzip der Volkssouveränität, wurde eine demokratisch verfasste Staatsordnung etabliert. Dieser demokratiegeschichtlich außerordentliche Vorgang verleiht der Novemberrevolution historischen Rang. Auf der Habenseite stehen außerdem die Einführung der Meinungs- und Versammlungsfreiheit, die

GEBROCHENE
MACHT
Der Säbel des
Marineoffiziers
Christian
Diederichsen aus
Nordfriesland
verlor bei den
Revolutions-
kämpfen 1918/19
seine Klinge

KOPFSACHE
Tellermütze von der »SMS Württemberg«: In den Revolutionstagen reißen aufständische Matrosen die schwarz-weiß-rote Kokarde von der Stirnseite, das Symbol des Kaiserreichs

Aufhebung der Zensur und der Gesindeordnung sowie das allgemeine Wahlrecht für Männer und erstmals auch für Frauen ab dem 20. Lebensjahr. Den politischen Umwälzungen folgten soziale Reformen: Gewerkschafts- und Industrievertreter vereinbarten den Achtstundentag und schrieben den Gedanken der Sozialpartnerschaft fest.

Eine sozialistische Umgestaltung der Wirtschafts- und Gesellschaftsordnung indes blieb aus. Dies sorgte für Streit und Enttäuschung in Teilen der Arbeiterbewegung. Auch innerhalb der politischen Linken kam es zu heftigen Konflikten: Verfechter einer Verstetigung und Ausdehnung des Rätemodells, die in der Minderheit blieben, konkurrierten mit jenen, die – angeführt von der Sozialdemokratie unter Eberts Vorsitz – die Bildung einer demokratisch gewählten Nationalversammlung bevorzugten.

Die Entscheidung für den parlamentarischen Weg auf dem Reichsrätekongress Mitte Dezember in Berlin gestaltete sich kontrovers, aber friedlich. Auch sonst blieb die Revolution in den ersten Wochen überwiegend gewaltfrei. Vor allem während der Weihnachtstage und von Januar 1919 an entflammten dann aber Straßenkämpfe. Die Gewalt resultierte aus unterschiedlichen Erwartungen an den Wandel von Staat, Gesellschaft und Wirtschaft, den die Revolution bringen sollte. Der Verbalradikalismus, zu dem der sozialdemokratische *Vorwärts* ebenso neigte wie die kommunistische *Rote Fahne,* beförderte die Gewalt.

Die Ermordung Rosa Luxemburgs und Karl Liebknechts wurde zum blutigen Fanal. Der Einsatz von Regierungstruppen und Freikorps durch den für Wehrfragen zuständigen Volksbeauftragten und ersten Reichswehrminister Gustav Noske ließ die Mehrheitssozialdemokraten als »Arbeiterverräter« erscheinen. Ein gutes Auskommen mit den alten Kräften, so lautete der Vorwurf von links, sei ihnen wichtiger als die eigene Anhängerschaft.

Tatsächlich liegt im Verzicht auf eine Militärreform, die eine republikanische Volkswehr geschaffen hätte, ein wesentliches Versäumnis der Revolution. So blieb die Regierung auf schwer steuerbare Militärs angewiesen, die durch ihren neuen höchsten Repräsentanten, den Ersten Generalquartiermeister Wilhelm Groener, zwar Loyalität zusicherten, aber spätestens nach dem Kapp-Putsch im März 1920 gegen die Republik arbeiteten. Auch andere Funktionseliten des Kaiserreichs, die nach der Revolution im Amt blieben, ob in der Verwaltung oder der Justiz, bekundeten anfangs ihre Treue zum neuen Dienstherrn, freundeten sich aber nie wirklich mit der Demokratie an. Im Rückblick erwies es sich als Fehler der neuen Regierung, nicht mit gröberem Besen gekehrt und einen umfangreicheren Personalwechsel herbeigeführt zu haben.

So gerechtfertigt diese Kritik ist – mit Blick auf die damaligen Motive und Handlungsspielräume muss sie doch eingeschränkt werden. So zielte das Bündnis mit den alten militärischen Kräften auf Wiederherstellung des staatlichen Gewaltmonopols und nicht auf Gewaltexzesse, die das Klima vergifteten. Auch galt dieses Bündnis als notwendig, um eine geordnete Demobilisierung der Armee zu ermöglichen. Es mangelte den Revolutionären generell an Expertise, nicht nur auf militärischem Gebiet, auch in Wirtschaft und Verwaltung, was ein Festhalten an Fachleuten begünstigte. Die Angst vor Chaos war groß und ließ mehr Kontinuität zu, als der jungen Republik letztlich guttat.

Wer den Pakt mit den alten Eliten und die Stärke des Militärs, aber auch unerfüllte Sozialismus-Sehnsüchte in Rechnung stellt, wird einiges auf der Sollseite der Revolution notieren müssen. Sie ist deshalb in der Forschung aus nachvollziehbaren Gründen als »halbe« oder »stecken gebliebene« Revolution bezeichnet worden. Tatsächlich kann von einer komplett geglückten Revolution nur sprechen, wer den Wandel von Staatsform und Verfassung zum alleinigen Richtmaß erhebt. Welches Urteil über die Novemberrevolution gefällt wird, hängt also wesentlich davon ab, mit welcher Erwartungshaltung man ihr begegnet. Mehrheitsfähig war über viele Jahre hinweg ein eher negatives Image, das die zum Teil bürgerkriegsartige Gewalt und die rechtsterroristischen Morde in der Frühphase der Weimarer Republik in den Vordergrund rückte oder die Republik von ihrem Ende 1933 her bewertete. Dies verstellte den Blick auf die Leistungen der Revolution als Wegbereiter einer liberal-sozialen Demokratie in Deutschland.

Ein Anlass wie der 100. Jahrestag der Revolution in diesem November lädt dazu ein, eindeutige Narrative zu formulieren und die Geschichte gleichsam glatt zu ziehen. Die Titel neuer Gesamtdarstellungen – *Am Anfang war Gewalt* oder *Der wahre Beginn unserer Demokratie* – bedienen diesen Wunsch. Sie setzen auf neue Meistererzählungen und Leitformeln, um die historische Situation von ihrer leidigen Ambivalenz zu befreien. Die Revolution von 1918/19 präsentiert sich jedoch als vertrackter Novemberkomplex, der ebenso Lernbeispiel für Demokratiegeschichte ist, wie er zur Abschreckung taugt. Gerade aufgrund ihrer Mehrdeutigkeit, ihrer Melange aus Altem und Neuem, aus Leistungen und Versäumnissen, etablierte sich die Revolution von Beginn an als Streitthema.

Schon die Zeitgenossen gerieten in Rage, wenn sie über die Ereignisse des Winters 1918/19 urteilten. In der *Weltbühne,* dem bedeutendsten Publikationsorgan einer parteiungebundenen Linken während der Weimarer Republik, klagte Kurt Tucholsky über eine Revolution, die im Grunde nicht stattgefunden habe: »Wir haben keine Revolution gehabt. Macht eine«, schrieb er kurz nach dem Kapp-Putsch. Mit scharfer Kritik überzog Tucholsky regelmäßig Friedrich Ebert, der durch seinen Pakt mit den alten Eliten alle revolutionären Hoffnungen ausgebremst und letztlich den reaktionären Kräften zugearbeitet habe. Das Verdikt in Eberts Todesjahr fiel denkbar hart aus: »Verrat an der Arbeiterklasse und an der Idee der Revolution.«

Von rechter Seite war Unterstützung für die Sozialdemokraten ohnehin nicht zu erwarten. In seinem Traktat *Preußentum und Sozialismus* schäumte Oswald Spengler 1919 vor Hass gegen die »undeutsche« Revolution, die ein »Handstreich der englischen Staatsgegner«, gekoppelt mit einem »Aufstand des marxistischen Proletariats«, gewesen sei, ohne jemals »echten Sozialismus« zu verkörpern. Einen solchen habe man »im letzten Ringen an der Front« finden können, und dort sei er auch verraten worden.

So unterschiedlich ihre Grundüberzeugungen waren, beide Autoren formulierten den Vorwurf des Verrats: an den Arbeitern einerseits, an der kampfbereiten und siegreichen Nation andererseits. Und noch eine Gemeinsamkeit lässt sich finden: Beide missbilligten zwar *diese* Revolution, nicht jedoch eine Revolution an sich. In der linken Deutung galt der Herbst 1918 bestenfalls als

SIGNALFARBE
Der Aufstand breitet sich von den Küstenstädten über das Land aus. Am 7. November bildet sich der Soldatenrat in Harburg bei Hamburg

Auftakt für eine gesellschaftliche Umwälzung, die sich nicht nur, so der Vorwurf, auf die Neugestaltung einer demokratischen Fassade beschränkte. In der rechten Deutung war die Novemberrevolution schlicht »Landesverrat«, ein die »Volksgemeinschaft« zerstörendes Werk, dem ein wahrhaftiger, »deutscher« oder »preußischer Sozialismus« im Zuge einer »konservativen« oder »nationalen Revolution« entgegenzustellen sei. Während die einen das unzureichende Werk vollenden wollten, strebten die anderen nach Zerstörung, um den Weg für die nationale Wiedererweckung Deutschlands zu bahnen.

Nicht nur Intellektuelle unterminierten den Geltungsanspruch der Novemberrevolution, sondern auch jene politischen Parteien, die der Republik von vornherein feindselig begegneten. In der zur Jahreswende 1918/19 neu gegründeten Kommunistischen Partei verfestigte sich rasch der Vorwurf des »Arbeiterverrats« gegenüber den Mehrheitssozialdemokraten unter Eberts Ägide; ein Vorwurf, der von den Januarkämpfen an mit Blut festgeschrieben wurde. Ideologische Kompromisslosigkeit und Gewaltbereitschaft kennzeichneten das innerlinke Schisma und verliehen dem Konflikt zwischen parlamentarischer Demokratie und Rätesozialismus eine unerbittliche Schärfe.

Während die Kommunisten den bürgerlichen als proletarischen Umsturz fortführen wollten, war den Nationalsozialisten die Novemberrevolution das Anathema schlechthin. Sie hetzten gegen »Novemberrepublik«, »Novemberpolitiker« und »Novemberverbrecher«, die 1918 dem »im Felde unbesiegten« Heer in den Rücken gefallen seien und so für die schmähliche Niederlage gesorgt hätten. Diese Dolchstoßlegende war weit über NS-Kreise hinaus im konservativen Milieu anschlussfähig, ihr negativer Nimbus wirkte deutlich stärker als jede positive Revolutionserinnerung.

Wie aber würdigten jene Kräfte die Revolution, die in ihr die Geburtsstunde der parlamentarischen Demokratie sahen? Wie gestaltete sich die Traditionsbildung in affirmativer Sicht? Alles andere als einfach und eindeutig, wie die Debatten über die »richtige« Form der Zehn-Jahres-Feiern 1928 zeigen. Bei den Sozialdemokraten konkurrierte der 9. November schon seit Längerem mit dem Tag der Verfassung, die Reichspräsident Ebert am 11. August 1919 unterzeichnet hatte. Eine gewisse innere Zerrissenheit zeigte sich auch, als das sozialdemokratisch dominierte Reichsbanner 1928 mit schwarz-rot-goldenen Fahnen die Republikgründung feierte, während auf der SPD-Veranstaltung im Berliner Sportpalast rote Fahnen dominierten. Hob der Festredner auf der Reichsbanner-Kundgebung die staats- und demokratiepolitische Verantwortung der SPD hervor, die »manchmal ohne Rücksicht auf Parteiinteressen bis an die letzte Grenze des Tragbaren« zu gehen habe, schlug der ehemalige USPD-Politiker Wilhelm Dittmann auf der SPD-Feier klassenkämpferische Töne an, bevor die *Internationale* angestimmt wurde. Es erweckte den Anschein, als schlügen zwei Herzen in der Brust der Sozialdemokratie, die sich einerseits als klassenbewusste Partei der Revolution verstand, andererseits ihre übergreifende Verantwortung als Wahrerin von Demokratie und Verfassung betonte. Auch diese Widersprüchlichkeit verhinderte das Heranreifen einer eindeutigen und vor allem eindeutig positiven Haltung zur Revolution. Das Sozialismus-Defizit des Umsturzes bot dauerhaft eine Angriffsfläche: von außen, aber auch von innen.

RUHE UND STURM
Um die Ordnung aufrechtzuerhalten, bilden Arbeiterräte eigene Sicherheitsdienste: rechts eine Armbinde aus Leipzig. In Berlin und anderen Städten brechen jedoch immer wieder Kämpfe aus, in denen beide Seiten Maschinengewehre einsetzen wie das MG 08, benannt nach dem Baujahr 1908

In der DDR war später die Rede von einer »bürgerlichen Revolution«, die sich nicht zur »proletarischen Revolution« habe entwickeln können, weil die »rechtssozialdemokratische« Führung dies blockiert und weil eine schlagkräftige kommunistische Kaderpartei gefehlt habe, wie sie von 1946 an die SED darstellte. Mit der Beseitigung dieses Mankos vollendete die DDR-Führung nach eigener Anschauung die Novemberrevolution. Angesichts dieser Kontinuitätsfantasie kam dem Umbruch von 1918/19 im Osten Deutschlands schon bald ein ungleich höherer geschichtspolitischer Rang zu als im Westen.

In der frühen Bundesrepublik stand die Revolution – wie die Weimarer Demokratie insgesamt – im Schatten von 1933. Der Umsturz galt als gescheitertes Experiment, dem nicht nachzueifern sei. »Bonn ist nicht Weimar«, lautete der mal zur Beruhigung, mal zur Mahnung vorgebrachte Leitspruch. Erst vor dem Hintergrund des Kalten Krieges gewann die Revolution überhaupt an Bedeutung. Der konservative Historiker Karl Dietrich Erdmann sprach 1955 in einem viel beachteten Beitrag für die *Vierteljahrshefte für Zeitgeschichte* von einer Entscheidung zwischen östlichem Bolschewismus und westlicher Demokratie, die man um die Jahreswende 1918/19 habe treffen müssen. Die Sozialdemokraten hätten entweder eine »soziale Revolution im Bündnis mit den auf eine proletarische Diktatur hindrängenden Kräften« zulassen oder die »parlamentarische Republik im Bündnis mit den konservativen Kräften wie dem alten Offizierskorps« sichern können. Dazwischen habe es nichts gegeben.

Die Suche nach Handlungsalternativen und »Dritten Wegen« setzte erst Anfang der Sechzigerjahre im Zeichen einer leichten Entspannung des Ost-West-Konfliktes ein. Maßgeblich für eine Revision des binären Geschichtsbildes waren die Arbeiten des Historikers Eberhard Kolb und des Politikwissenschaftlers Peter von Oertzen, die ein differenzierteres Bild der Rätebewegung von 1918 zeichneten und nachwiesen, dass nur eine Minderheit einen bolschewistischen Kurs einschlug. Im Lichte dieser Erkenntnis erschien die Furcht der SPD-Führung vor »russischen Verhältnissen« als überzogen; die damaligen Optionen seien real und vielfältig gewesen. In den Räten habe ein Demokratisierungspotenzial geschlummert, das man ungenutzt gelassen habe, hieß es nun mahnend gegenüber der Ebertschen Sozialdemokratie.

Es waren aber nicht nur wissenschaftliche Studien, die der Revolutionsrezeption in der zweiten Hälfte der Sechzigerjahre zur Blüte verhalfen. Wichtiger dürfte ein gewandeltes Meinungsklima gewesen sein: Ideen eines Dritten Weges zwischen Kapitalismus und Kommunismus, Basisdemokratie und Rätesozialismus erfuhren eine Renaissance. Teile der 68er-Bewegung wie der Republikanische Club Westberlin studierten die »Ausgangslage der Novemberrevolution«, um daraus Lehren für eine neue Revolution zu ziehen. Der aus dem amerikanischen Exil nach Deutschland zurückgekehrte Politikwissenschaftler Ernst Fraenkel warnte angesichts dieser Tendenzen vor einem neuen »Rätemythos«.

Zu ihrem 50. Jubiläum im Herbst 1968 war die Novemberrevolution überaus präsent. Für all jene, die mit ihr »versäumte Chancen« auf mehr Demokratie oder auf rätesozialistische Alternativen verbanden, gerieten Akteure wie Ebert und Scheidemann in ein düsteres Licht. Zu dieser Eintrübung trug wesentlich der Publizist Sebastian Haffner bei, als er 1968 in einer Artikelserie im *stern* der alten Verratsthese zu neuer Popularität verhalf. Über Jahrzehnte hinweg etablierte sich sein (im Folgejahr als Buch veröffentlichter) Essay *Die verratene Revolution* als meistverkaufte Darstellung zum Thema.

Dabei gehörte die Verratsthese schon damals ins Reich der Legenden. Ihre Strahlkraft befördert hat nicht zuletzt die Sozialdemokratie selbst, die mit dem Erbe der ungeliebten Revolution haderte. Häufig blieb die SPD defensiv, stellte es nicht als Leistung heraus, der Demokratie Vorrang vor dem Sozialismus gegeben zu haben, im Gegenteil: Für die Preisgabe sozialistischer Ziele schien sich die Partei nachträglich fast zu schämen. Gelegentlich vermittelte sie den Eindruck, die Verratsthese selbst verinnerlicht zu haben: Im *Vorwärts* hieß es 1968, Ebert habe zwar »keinen bewussten Verrat an sozialdemokratischen Prinzipien« begangen, mit seiner »Abneigung gegen alles Revolutionäre« aber »den Feinden der Revolution« den Weg geebnet. Zehn Jahre später bedauerte der SPD-Vorsitzende Willy Brandt, dass seine Partei im Spätherbst 1918 an einem »Mangel an Biss und Entschlossenheit« gelitten habe und »in gewisser Hinsicht zum Gefangenen ihres eigenen Legalitätsdenkens« geworden sei.

Die Selbstkritik provozierte auch in den Achtzigerjahren noch Streit in der SPD. Während die Parteizeitung *Berliner Stimme* statt Ebert und seinen Mitstreitern ausgerechnet Rosa Luxemburg als eine der »wenigen historisch-politischen Figuren« ausmachte, mit deren Erbschaft »sich hierzulande legitimerweise eine demokratische Tradition (mit)begründen ließe«, sprach sich eine Gruppe konservativer Berliner Sozialdemokraten um den ehemaligen Regierenden Bürgermeister Dietrich Stobbe 1986/87 gegen eine

KREUZBLATT
Die Befürworter der parlamentarischen Demokratie setzen sich durch: Am 19. Januar 1919 wählen alle Deutschen, erstmals auch die Frauen, eine Nationalversammlung. Stimmzettel aus Hessen-Nassau

Beteiligung der eigenen Partei an einer Gedenkveranstaltung zu Ehren Luxemburgs und Liebknechts aus. Ungewöhnlich selbstbewusst hieß es: »Die Sozialdemokraten haben zur Begründung der ersten deutschen Demokratie und ihrem Erhalt unter Einsatz all ihrer Kraft und bei Inkaufnahme der Spaltung der Arbeiterbewegung entscheidend beigetragen.«

Während die SPD um ihre Haltung zur Novemberrevolution rang, lobte das christdemokratische Westberliner Stadtoberhaupt Eberhard Diepgen die Leistung Friedrich Eberts unumwunden: Ebert habe sich erfolgreich der »schicksalhaften Entscheidung« gestellt, ihm sei es »zu danken, wenn die junge Republik sich nach Westen orientierte, wenn sie die Gewaltenteilung der Diktatur des Proletariats vorzog«. Mehr als ein geschichtspolitisches Wetterleuchten war diese Hommage zum 70. Revolutionsjubiläum 1988 allerdings nicht. Während der Achtzigerjahre schlief das Interesse an der Novemberrevolution langsam ein. Ein Deutungskonsens war nicht erzielt worden, der Forschungsstand wirkte wie festgefahren, und das erinnerungspolitische Feld lag brach. Bis zum 90. Jahrestag geriet der Umsturz von 1918/19 in Geschichtswissenschaft und Öffentlichkeit derart ins Abseits, dass es gerechtfertigt erschien, von einer »vergessenen Revolution« zu sprechen.

Wie lässt sich diese merkwürdige Amnesie erklären? Die reifer gewordene Bundesrepublik verstand sich nicht länger als Provisorium und griff immer seltener auf Weimar als identitätsstiftende Formel zurück. Damit verlor auch die Novemberrevolution an Bedeutung. Die neue Novemberrevolution von 1989 änderte daran wenig. Es mutet paradox an, aber mit der »nachholenden Revolution«, von der Jürgen Habermas sprach, ging das Interesse an früheren Umbrüchen eher zurück. Das »Ende der Geschichte«, so die prominente Zeitsignatur des US-amerikanischen Politikwissenschaftlers Francis Fukuyama, schien erreicht.

Erst in jüngster Zeit rückt die Novemberrevolution wieder stärker ins Blickfeld. Nicht nur, weil der 100. Jahrestag einen unwiderstehlichen Sog ausübt. Das Revolutionsrevival verdankt sich auch dem gegenwärtigen Krisenempfinden, einer gewachsenen Sensibilität für Problemlagen, die mit der Situation von 1918 verglichen werden können. Auch die Revolutionsforschung ist aus ihrem Dornröschenschlaf erwacht. Sie steht vor einem einst schockgefrosteten, nun aber wieder aufgetauten Forschungsstand, der langsam um neue Perspektiven erweitert wird.

Statt mit dem Wissen heutiger Historiker über bessere Alternativen ungeschehener Geschichte zu sinnieren und vergleichsweise simple Narrative des Erfolgs oder des Scheiterns zu formulieren, um diese dann den früheren Akteuren vorzuhalten, sollte die Forschung die damaligen Sichtweisen, Erwartungen und Erfahrungen ins Zentrum rücken. So dürfte ein vielgestaltiges Bild entstehen, das gerade deswegen so reizvoll ist, weil es uns in die Vergangenheit versetzt und doch Fragen aufwirft, die uns heute umtreiben: Wie entstehen Demokratien in widrigen Zeiten? Wie werden sie erlebt und gelebt? Welchen Herausforderungen sind sie ausgesetzt, und wie lässt sich ihre Zukunft sichern? Am Beispiel der Novemberrevolution kann man etwas lernen über unterschiedliche Demokratiekonzepte sowie über Hoffnungen und Ängste einer Gesellschaft im Wandel. Eine solche Art des lernenden Erinnerns eignet sich weder dazu, im Nachhinein eine Demokratiegloriole um die Ereignisse zu binden, noch eine Teleologie des Scheiterns an sie zu knüpfen. Ebenso wenig überfrachtet sie das (Wunsch-)Bild der Revolution mit theoretisch anmutenden Maximalerwartungen.

Schon ein Jahr nach dem revolutionären Herbst 1918 hielt der anfangs so euphorisierte Theodor Wolff in einer Mischung aus Ernüchterung und Demut fest, wie wichtig es sei, sich darüber Klarheit zu verschaffen, »dass doch eigentlich erst die Revolution, so getrübt ihre Sonne auch aufging, dem deutschen Volke die Rechte und die schweren Pflichten mündiger Nationen gesichert hat. Das sollte man zugeben, auch wenn man ihr den festlichen Erinnerungskranz versagt.« So ruhig und bescheiden diese Formulierung daherkommt, hält sie doch einigen Grund bereit, die Erinnerung an die Novemberrevolution als eine wichtige Etappe der deutschen Demokratiegeschichte wachzuhalten. ∎

ALEXANDER GALLUS *ist Professor für Politische Theorie und Ideengeschichte an der Technischen Universität Chemnitz*

Die letzte Schlacht

Ende September 1918 realisiert die Oberste Heeresleitung, dass der Krieg verloren ist. Ihr perfides Kalkül: Eine parlamentarische Regierung soll um Frieden bitten – und die Niederlage verantworten VON VOLKER ULLRICH

der Generale

Am 29. September 1918 versammelt sich die Führungsspitze des kaiserlichen Deutschland im militärischen Hauptquartier im belgischen Spa. »Herrliches Wetter. Aber welch ein trauriger Tag«, notiert der Chef des Marinekabinetts, Admiral Georg Alexander von Müller. Denn erstmals müssen die starken Männer der Obersten Heeresleitung (OHL), Paul von Hindenburg und Erich Ludendorff, eingestehen, was Einsichtige bereits geahnt haben: Der Krieg ist verloren.

Lange hat es gedauert, ehe sich die beiden Feldherren zu ihrem Offenbarungseid entschließen konnten. Noch im Frühjahr 1918 haben sie Siegeszuversicht verbreitet. Das revolutionäre Russland war aus dem Krieg ausgeschieden und hat Anfang März in Brest-Litowsk einen demütigenden Separatfrieden unterzeichnen müssen. Seit Ende März hat die OHL versucht, durch eine Serie von Angriffen auch im Westen die Entscheidung zu erzwingen. Doch am 18. Juli setzt eine französische Gegenoffensive ein, und am 8. August durchbrechen englische Tanks bei Amiens die deutschen Stellungen. »Wir haben eine neue bedeutende Niederlage erlitten [...]. Es ist sehr niederdrückend und könnte einen beinahe mutlos machen«, vertraut der Heidelberger Historiker Karl Hampe seinem Tagebuch an.

Auf einem Kronrat in Spa am 14. August, wenige Tage nach dem Umschwung an der Westfront, geben sich Hindenburg und Ludendorff noch unerschüttert. Zwar sei das deutsche Heer zu entscheidenden Offensivschlägen nicht mehr fähig, doch könne es den Kriegswillen des Feindes durch eine »strategische Defensive« allmählich lähmen. Einigermaßen beruhigt kehren Reichskanzler Georg Graf von Hertling und der Staatssekretär des Auswärtigen Amtes, Paul von Hintze, nach Berlin zurück.

Auch Kaiser Wilhelm II. ist noch weit davon entfernt, sich dem Ernst der Lage zu stellen. Bei einem Besuch der Essener Krupp-Werke am 10. September hält er eine Rede, die selbst in seinem engsten Gefolge Entsetzen auslöst. Denn der Monarch hat nichts Besseres zu tun, als vor der kriegsmüden Belegschaft den »unversöhnlichen Gegensatz zwischen angelsächsi-

RAUS AUS DEM GRABEN
Abgekämpfte deutsche Soldaten ergeben sich Mitte September 1918 an der Westfront

scher und germanischer Weltanschauung« zu beschwören, sich über »das Versagen unserer politischen Parteien« zu ereifern und allen »Flaumachern«, die defätistische Gerüchte verbreiten, den Galgen anzudrohen. Der Chef des Zivilkabinetts, Friedrich Wilhelm von Berg, hat einige Mühe, die Ansprache so zu überarbeiten, dass sie veröffentlicht werden kann.

Ende des Monats aber holt die Wirklichkeit auch das deutsche Hauptquartier ein. Am 25. September bittet Bulgarien die Alliierten um Waffenstillstand. Damit ist die Verbindung zur Türkei, dem anderen Bundesgenossen der beiden Mittelmächte Deutschland und Österreich-Ungarn, unterbrochen. Einen Tag später beginnt in Flandern und in der Champagne eine neue Großoffensive der Alliierten, die sofort Breschen in die deutsche Verteidigung schlägt. Der Zusammenbruch der Westfront scheint nur noch eine Frage von Tagen zu sein.

Unter dem Eindruck der Hiobsbotschaften geschieht in Spa etwas in der Geschichte der preußisch-deutschen Armee Unerhörtes: Während sich Ludendorff in eine Depression flüchtet, beschließt eine Gruppe junger Generalstabsoffiziere, der politischen Reichsleitung in Berlin endlich reinen Wein einzuschenken. Ohne Wissen ihrer Chefs beauftragen sie den Vertreter des Auswärtigen Amtes im Hauptquartier, Legationsrat Kurt Freiherr von Lersner, Staatssekretär von Hintze per Telefon über »die Aussichtslosigkeit weiteren militärischen Widerstands« aufzuklären und ihn zu veranlassen, »möglichst bald« zu einer Aussprache mit der OHL nach Spa zu kommen.

Ludendorff scheint geradezu erleichtert, dass seine Mitarbeiter die Initiative ergriffen haben. Nach Tagen lähmender Entschlusslosigkeit ringt er sich dazu durch, den aussichtslos gewordenen Kampf abzubrechen. Am Nachmittag des 28. September informiert er Hindenburg. »Der Feldmarschall«, berichtet Ludendorff in seinen Erinnerungen, »hörte mich bewegt an. Er antwortete, er habe mir am Abend das gleiche sagen wollen, auch er hätte sich die Lage dauernd durch den Kopf gehen lassen und hielte den Schritt für notwendig.« Die Würfel sind gefallen: Die OHL hat sich für die Aufnahme von Waffenstillstandsverhandlungen entschieden.

Zu einem ähnlichen Entschluss ist Staatssekretär von Hintze in Berlin gelangt. Alarmiert durch das Telefonat mit Lersner, arbeitet er mit den leitenden Beamten seiner Behörde ein Programm aus, das einen Weg eröffnen soll, um glimpflich aus dem Krieg herauszukommen. Darin wird als »wichtigste Voraussetzung« für die Anbahnung eines Waffenstillstands die »sofortige Bildung einer Regierung auf breiter nationaler Basis« gefordert. Im Angesicht der Niederlage soll nun gewährt werden, was die wilhelminischen Eliten bislang strikt ausgeschlossen hatten: die Parlamentarisierung, das heißt die Bildung einer nicht mehr vom Vertrauen des Monarchen, sondern von der Reichstagsmehrheit abhängigen Regierung, an der auch die Mehrheitssozialdemokraten, die stärkste Partei, beteiligt werden müssen – eine für die Konservativen ungeheuerliche Vorstellung. Auf diese Weise hofft Hintze den Schock über die Niederlage auffangen und eine Zuspitzung der Lage im Innern vermeiden zu können. Die Reform »von oben« soll der Revolution »von unten« zuvorkommen – das ist der Grundgedanke des Programms, mit dem sich der Staatssekretär noch am Abend des 28. September auf den Weg nach Spa macht.

Bei Hindenburg und Ludendorff rennt er am folgenden Tag offene Türen ein, und auch der Kaiser fügt sich, von der Forderung der Militärs nach sofortigem Waffenstillstand gänzlich überrascht, ins Unvermeidliche. Reichskanzler Hertling, der am Mittag des 29. September in Spa eintrifft, wird vor vollendete Tatsachen gestellt. Ihm bleibt nichts anderes übrig, als seine Demission anzubieten. Am Abend reist Hintze mit einem Sonderzug nach Berlin zurück. Begleitet wird er von Major Erich Freiherr von dem Bussche, der die Parteiführer über die militärische Lage unterrichten und für eine rasche Regierungsbildung sorgen soll.

Am 30. September unterschreibt Wilhelm II. einen Erlass, in dem der Rücktritt Hertlings bekannt gegeben und zugleich der Wunsch ausgesprochen wird, »dass Männer, die vom Vertrauen des Volkes getragen sind, in weitem Umfang teilnehmen an den Rechten und Pflichten der Regierung«. »Kritischer Tag erster Ordnung; Wendepunkt für Preußen, für Deutschland, vielleicht für die Welt«, hält der Diplomat und Kunstmäzen Harry Graf Kessler in seinem Tagebuch fest.

Warum entschließt sich die Oberste Heeresleitung, nachdem sie die Öffentlichkeit monatelang über die Lage getäuscht hat, zur plötzlichen Flucht nach vorn? In der Entourage des Kaisers, aber auch in politischen Kreisen Berlins glaubt man, Ludendorff habe die Nerven verloren. Tatsächlich hat sich der Erste Generalquartiermeister am 29. September wieder gefangen, ist wieder Herr seiner Entschlüsse. Gewiss spielt die Überlegung eine Rolle, durch einen Waffenstillstand das Heer vor einem Desaster zu bewahren. Doch wichtiger ist ein anderes Motiv: die Absicht nämlich, die Verantwortung für die bevorstehende Niederlage von sich selbst auf die

Reichstagsmehrheit – MSPD, katholisches Zentrum und liberale Fortschrittliche Volkspartei – abzuwälzen, auf jene Parteien also, die im Juli 1917 für einen Frieden der Verständigung geworben hatten. Er habe, erklärt Ludendorff am Abend des 29. September vor seinen Offizieren, den Kaiser »gebeten, jetzt auch diejenigen Kreise an die Regierung zu bringen, denen wir es in der Hauptsache zu verdanken haben, dass wir so weit gekommen sind. [...] Die sollen nun den Frieden schließen, der jetzt geschlossen werden muss. Sie sollen die Suppe jetzt essen, die sie uns eingebrockt haben.«

In der Stunde des Untergangs inszeniert sich der Mann, der maßgeblich dazu beigetragen hat, das Kaiserreich an den Rand des Abgrunds zu führen, als unschuldiges Opfer. »Als wir versammelt waren«, so hat Oberst Albrecht von Thaer die Szene beschrieben, »trat Ludendorff in unsere Mitte, sein Gesicht von tiefstem Kummer erfüllt, bleich, aber mit erhobenem Haupt. Eine wahrhaft schöne germanische Heldengestalt! Ich musste an Siegfried denken mit der tödlichen Wunde im Rücken von Hagens Speer.« Das ist die Geburtsstunde der Dolchstoßlegende – jener Geschichtslüge, der zufolge das deutsche Heer hinterrücks durch die Wühlarbeit von Linken und Juden um die Früchte des Sieges betrogen worden sei. Sie wird nach 1918 in deutschnationalen und völkischen Kreisen weite Verbreitung finden und das innenpolitische Klima der Weimarer Republik vergiften.

Eine weitere Hypothek zeichnet sich schon jetzt ab – der Umstand, dass die Parlamentarisierung nicht von der Reichstagsmehrheit erkämpft, sondern von Ludendorff angeordnet worden ist. Und es sind auch nicht die Mehrheitsparteien, sondern die Militärs, die über die Nachfolge Hertlings entscheiden. Neuer Reichskanzler wird Prinz Max von Baden, der als relativ liberal gilt, zugleich aber als Garant dafür angesehen wird, dass der Reformprozess nicht außer Kontrolle gerät. Ob ausgerechnet ein Repräsentant des Hochadels geeignet ist, die politische Wende in Deutschland glaubhaft nach innen wie nach außen zu vertreten, das erscheint skeptischen Zeitgenossen von vornherein als zweifelhaft.

Die MSPD-Führung ist uneins, ob man sich an der Regierung des Prinzen Max beteiligen soll. Am 2. Oktober gibt Major von dem Bussche, Ludendorffs Emissär, den Parteiführern im Reichstag einen ungeschminkten Bericht über die militärische Lage. Die Parlamentarier sind wie vom Schlag getroffen. In der Fraktionssitzung einen Tag später spricht sich Philipp Scheidemann dagegen aus, in ein »bankrottes Unternehmen« einzusteigen – in der richtigen Erkenntnis, dass die Sozialdemokraten zu Sündenböcken gemacht werden sollen für das, was die Militärs angerichtet haben. Doch Friedrich Ebert, der Parteivorsitzende, wischt die Bedenken beiseite: Jetzt, wo alles zusammenzubrechen drohe, dürfe sich die MSPD nicht verweigern, sie müsse sich »in die Bresche werfen«, um zu retten, was noch zu retten sei. So geschieht es. Der neuen Regierung gehören auch zwei Sozialdemokraten an: Gustav Bauer, Staatssekretär im Reichsarbeitsamt, und Philipp Scheidemann, Staatssekretär ohne Portefeuille.

Während die Verhandlungen über die Regierungsbildung laufen, drängt die OHL darauf, das Waffenstillstandsangebot unverzüglich hinausgehen zu lassen. Keine 48 Stunden könne die Armee mehr warten. Prinz Max beugt sich dem Druck. In der Nacht auf den 4. Oktober sendet er über die Schweiz eine Note nach Washington mit der Bitte an Präsident Woodrow Wilson, »die Herstellung des Friedens in die Hand zu nehmen« und, »um weiteres Blutvergießen zu vermeiden«, auf »den sofortigen Abschluss eines Waffenstillstands« hinzuwirken.

Nachdem die Militärs die Kriegsaussichten jahrelang in den glänzendsten Farben gemalt haben, trifft die Nachricht, Deutschland habe um Waffenstillstand gebeten, die Öffentlichkeit wie ein Schock. Kriegsmüdigkeit und Friedenssehnsucht greifen stärker um sich als jemals zuvor. Und auch in der Armee gärt es. »Das ganze Heer hat den Krieg satt und ist erschöpft«, schreibt Kronprinz Rupprecht

SIEGERPOSE

Anfang August 1918 gewinnen alliierte Truppen die Schlacht bei Amiens: Kanadische Soldaten feiern auf einem Tank

NICHTS GEHT MEHR

Hindenburg, Wilhelm II. und Ludendorff (v. l.) müssen einsehen, dass sie den Krieg verloren haben. Den Frieden soll die neue Regierung unter Max von Baden (u.) aushandeln

von Bayern, einer der Armeeführer an der Westfront, »jedermann, abgesehen von einigen Starrköpfen, sieht ein, dass es nutzlos wäre, den Krieg weiterzuführen.« Nach Lage der Dinge bedeutet die deutsche Waffenstillstandsbitte das Eingeständnis der Niederlage, und die Vorstellung, man könne danach Volk und Heer noch einmal zu einer letzten Kraftanstrengung aufrufen, falls Wilson unzumutbare Bedingungen stelle, ist nichts weiter als eine Chimäre.

Im Laufe des sich über den Oktober hinziehenden Notenwechsels schraubt der amerikanische Präsident seine Forderungen immer höher. In der ersten Antwort vom 8. Oktober heißt es noch eher zurückhaltend, die Deutschen müssten sein 14-Punkte-Programm als Grundlage der Verhandlungen akzeptieren und als Vorleistung die besetzten Gebiete im Westen räumen. In der zweiten Note vom 14. Oktober schlägt Wilson bereits schärfere Töne an. Nicht nur verlangt er »Sicherheiten und Bürgschaften für die Fortdauer der gegenwärtigen militärischen Überlegenheit« der Alliierten, sondern auch eine Abkehr von der den Frieden der Welt bedrohenden Macht, »welche bis jetzt das Schicksal der deutschen Nation bestimmt hat«. Damit wird, wenn auch verklausuliert, die preußisch-deutsche Militärmonarchie zur Disposition gestellt.

Im deutschen Hauptquartier schlägt die Stimmung um. Plötzlich ist nicht mehr von einer drohenden militärischen Katastrophe die Rede, sondern davon, dass die Widerstandskraft des Heeres »noch lange nicht erschöpft« sei. In einer Sitzung des Kriegskabinetts am 17. Oktober zeichnet Ludendorff zum Erstaunen der Runde ein ganz anderes Bild als noch Ende September. Man könne wieder zuversichtlicher in die Zukunft schauen. Die Politiker fordert er auf, »dafür zu sorgen, dass die Stimmung in der Heimat gehoben wird«. Theatralisch ruft er aus: »Packen Sie das Volk! Reißen Sie es hoch! Kann das nicht Herr Ebert tun?« Ludendorffs scheinbare Kehrtwende ist ein weiteres Manöver in dem perfiden Plan, den Schwarzen Peter der Reichstagsmehrheit, allen voran der MSPD, zuzuschieben, die es an der nötigen Unterstützung habe fehlen lassen.

Die Lage spitzt sich zu, als die dritte Note Wilsons vom 23. Oktober bekannt wird. Darin übt der amerikanische Präsident Kritik an den unzureichenden Reformen in Deutschland. Nach wie vor liege »die entscheidende Initiative« bei denen, die bisher die Macht ausgeübt hätten. Mit »den militärischen Beherrschern und monarchischen Autokraten Deutschlands« aber werde man nicht verhandeln.

Am Abend des 24. Oktober weist Hindenburg Wilsons Note als »unannehmbar« zurück und ruft dazu auf, »den Widerstand mit äußersten Kräften fortzusetzen«. Mit diesem eigenmächtigen Schritt hat die OHL der Regierung des Prinzen Max den Fehdehandschuh hingeworfen. Einen Tag später reisen Hindenburg und Ludendorff nach Berlin, um vom Kaiser den Abbruch der Verhandlungen mit Wilson zu verlangen.

Doch diesmal haben sie sich verrechnet. Prinz Max zeigt sich entschlossen, die Herausforderung anzunehmen. In einer Eingabe an Wilhelm II. fordert er die Entlassung Ludendorffs. Denn bleibe die neuerliche Einmischung der Militärs nicht ohne »eine kräftige Antwort«, werde dies im Ausland als Beweis dafür angesehen, dass »die Regierung den militärischen Gewalten wieder erlegen« sei. Damit würde nicht nur jede Aussicht auf einen Verständigungsfrieden schwinden, sondern auch die Dynastie »auf das äußerste gefährdet«.

In einer stürmischen Audienz im Schloss Bellevue am Morgen des 26. Oktober kommt es zum Bruch. Wilhelm überschüttet Hindenburg und Ludendorff mit Vorwürfen. Durch das überstürzte Waffenstillstandsersuchen hätten sie selbst die »furchtbare Lage« herbeigeführt, die sie jetzt beklagten. Plötzlich verlangten sie, es solle weitergekämpft werden, obwohl sie das Ende September noch kategorisch abgelehnt hätten. Auf die berechtigte Kritik antworten die Feldherren mit der Drohung ihres Rücktritts. Doch diese Waffe, mit der sie Wilhelm immer wieder ihren Willen aufgezwungen haben, ist stumpf geworden.

Generaladjutant Hans Georg von Plessen hält in seinem Tagebuch fest: »Der Kaiser nahm sehr bewegt das Abschiedsgesuch Ludendorffs an, sagte aber dem Feldmarschall Hindenburg, er müsse bleiben, das fordere er hiermit im Namen des Vaterlandes. Hindenburg ging darauf ein.« Im Offizierskorps wird die Entlassung Ludendorffs ohne Protest hingenommen. Der einst mächtige Mann hat durch das Eingeständnis der Niederlage viel an Autorität verloren. Sein Nachfolger wird Wilhelm Groener, einst Leiter des 1916 errichteten Kriegsamtes im Preußischen Kriegsministerium.

Der 26. Oktober markiert eine Zäsur noch in anderer Hinsicht. An diesem Tag verabschiedet der Reichstag Gesetze, die den Übergang zur parlamentarischen Monarchie besiegeln. Artikel 15 der Reichsverfassung wird um die Bestimmung ergänzt: »Der Reichskanzler bedarf zu seiner Amtsführung des Vertrauens des Reichstags.« Außerdem wird die kaiserliche Kommandogewalt der parlamentarischen Kontrolle unterstellt. Die Sonderstellung der Armee, ein Kernstück der Bismarckschen Verfassungskonstruktion, ist damit beseitigt.

Die Bevölkerung spürt von diesen Veränderungen allerdings noch wenig. Nach wie vor herrscht der Belagerungszustand, entscheiden Militärs willkürlich über Zensurmaßnahmen und Versammlungsverbote. Statt einer allgemeinen Amnestie für politische Gefangene folgen neue Verhaftungen von Kriegsgegnern. Und noch immer stützt sich der Kaiser in erster Linie auf seine militärischen Ratgeber. Am 29. Oktober verlässt er Potsdam, um ins Hauptquartier nach Spa zu reisen und sich so dem Einfluss der Regierung zu entziehen. Freiwillig dem Thron zu entsagen und damit die Anbahnung der Verhandlungen mit den Alliierten zu erleichtern – auf diesen Gedanken kommt Wilhelm gar nicht erst. »Ein Nachfolger Friedrichs des Großen dankt nicht ab«, tönt er uneinsichtig wie eh und je.

So richtet sich die Bewegung gegen den Krieg schließlich auch gegen den Träger der Krone selbst. »Man spricht in den Volksmassen von nichts als der notwendigen Abdankung des Kaisers und des Kronprinzen und gibt sich einer völligen Friedenspsychose hin«, beobachtet der Historiker Friedrich Thimme in der Reichshauptstadt.

In seinem immer noch anregenden Buch *Die Entstehung der Deutschen Republik* aus dem Jahr 1928 hat der linkssozialistische Historiker Arthur Rosenberg die Ansicht vertreten, die Massen hätten Anfang November 1918 »eigentlich gegen sich selbst rebelliert«, weil sie mit der Einführung der parlamentarischen Demokratie bereits am Ziel ihrer Wünsche gewesen seien. Diese These verkennt, dass die Verfassungsreformen von Ende Oktober 1918 mehr ein Versprechen waren als politische Realität. Es bedurfte der gemeinsamen Aktion der revolutionären Matrosen, Arbeiter und Soldaten, um den Systemwechsel unumkehrbar zu machen und die Herrschaft der Hohenzollern zu beenden. ■

VOLKER ULLRICH *ist Historiker, Journalist und Mitherausgeber von ZEIT Geschichte*

WEITERLESEN
Holger Afflerbach: »Auf Messers Schneide. Wie das Deutsche Reich den Ersten Weltkrieg verlor« C. H. Beck Verlag, München 2018

BERUHIGUNG DER GEMÜTER
Am 5. November 1918 spricht Gustav Noske von einem Kriegsschiff in Kiel zu Matrosen. Er ist aus Berlin herbeigeeilt, um den Aufruhr unter Kontrolle zu bringen

Lieber rot als tot

Obwohl der Krieg verloren ist, will die kaiserliche Marine ihre Flotte auf eine Todesfahrt gen England schicken. Die Matrosen meutern und entzünden das Feuer der Revolution VON RALF ZERBACK

REVOLTE AUF REEDE
Am 30. Oktober zwingen Torpedoboote meuternde Matrosen auf dem Linienschiff »Thüringen« vor Wilhelmshaven zur Aufgabe. Trotzdem ist es der »Anfang der Revolution«, wie auf dem Foto notiert wird

Ein Untergang vor Englands Klippen, im leuchtenden Abendrot, ein Götterdämmerungsspektakel, das Schlachtenmaler über Jahrzehnte beschäftigen wird: So ähnlich stellt sich manch deutscher Marineoffizier im Herbst 1918 das Ende der kaiserlichen Flotte vor. Im Oktober ist der Krieg für Deutschland verloren. Die Flotte, das Lieblingsspielzeug Wilhelms II., nach der Schlacht vor dem Skagerrak 1916 zum Ausharren gezwungen, ist ohne große Bedeutung geblieben.

Doch nun träumt die Marineführung von einem letzten großen Gefecht im Ärmelkanal. Natürlich wird die Flotte dabei untergehen, aber man wird immerhin den »ehrenhaften Heldentod« sterben. Bereits am 8. Oktober hat Konteradmiral Adolf von Trotha, Stabschef des Hochseekommandos und Chef des Marinekabinetts, der Flotte einen »Schlusskampf« nahegelegt, um »die in ihr steckende nationale Kraft voll zur schlagenden Wirkung« zu bringen. Mitte Oktober konstatiert die Seekriegsleitung, es sei »aus moralischen Gesichtspunkten Ehren- und Existenzfrage der Marine, im letzten Kampf ihr Äußerstes getan zu haben«.

Historiker streiten bis heute darüber, ob die Rettung der Ehre das einzige Motiv der Admirale war. Vielleicht sollte die neue, halbwegs parlamentarische Regierung in Berlin vorgeführt werden? Sie hatte ihre Fühler Richtung Frieden ausgestreckt und hätte über die Pläne zum »Endkampf« informiert werden müssen. Die Marinechefs bevorzugten aber eine Geheimaktion.

Am 29. Oktober erfolgt der Befehl: Die vor Wilhelmshaven liegende Flotte soll am kommenden Tag auslaufen. Für die Matrosen ist dies ein Todesurteil. Sie sind jung, sie haben das Leben noch vor sich. Wollen sie tatsächlich wegen eines angeschimmelten Ehrenkodex in den Fluten versinken? Unsterblichkeit durch den Tod? Die Antwort ist eindeutig: Die Matrosen auf den Linienschiffen *Markgraf, König* und *Kronprinz Wilhelm* weigern sich, den Anker zu lichten.

Trotha rät dem Flottenchef Franz Ritter von Hipper in der Nacht auf den 30. Oktober, den Schlachtplan fallen zu lassen. Die Marineleitung lenkt ein. Doch von der Idee eines »ruhmreichen« letzten Kampfes will sie nicht lassen. Die neue Variante: Torpedoboote sollen bis an Englands Ostküste vorstoßen und Unsicherheit verbreiten. Auch dabei würden die Besatzungen der Boote und des sie deckenden Geschwaders für die Ehre von Kaiser und Marine geopfert, von möglichen zivilen Toten ganz zu schweigen.

Mannschaften und Offiziere der deutschen Marine befinden sich zwar auf denselben Schiffen, doch sie leben in getrennten Welten. Alltagsdienst, Verpflegung, Kajüten – die Unterschiede sind enorm. Der Matrose Richard Stumpf erinnert sich: »Während meiner Dienstzeit war noch niemals die Kluft zwischen [...] dem Mann und dem Offizier so groß wie gerade jetzt während der Kriegszeit.« Während die Offiziere an der Monarchie hängen, die den Aufbau der Flotte überhaupt erst vorangetrieben hat, weinen die Matrosen dem Kaisertum keine Träne nach; mehr und mehr reift in ihnen der Wunsch nach einer modernen Verfassung, nach Republik und Demokratie.

Als spätabends am 30. Oktober abermals der Befehl zum Auslaufen erfolgt, verweigern Matrosen erneut den Gehorsam. Aus Sicht der Offiziere herrscht auf den Linienschiffen *Thüringen* und *Helgoland* Anarchie, eine Revolution im Kleinen. Die Mannschaft der *Thüringen* hat eine Erklärung verfasst: »Weiter als bis Helgoland fahren wir nicht. Andernfalls wird Feuer ausgemacht.«

Am nächsten Tag lässt die Marineleitung Torpedoboote mit gehorsamer Besatzung vor der *Thüringen* auffahren. Sie drohen dem Stahlkoloss mit Beschuss, bis die Rebellen aufgeben. Sechshundert Matrosen werden verhaftet und aufs Festland, nach Bremen, gebracht. So gewinnen die Kommandeure der Marine wieder die Oberhand über die Meuterer. Doch was ist Gehorsam, was Ungehorsam? Die Matrosen folgen zwar nicht den Befehlen ihrer Offiziere, diese aber verletzen wiederum das Primat der Politik. In den Oktoberreformen hatte der Kaiser klar angewiesen, dass die militärische Führung ihre Entscheidungen »im Einverständnisse mit dem Reichskanzler« zu treffen habe. Dies gilt selbstredend auch nun, da die Regierung den Frieden sucht.

Derweil versuchen die Marineoffiziere in Wilhelmshaven, den Aufstand einzudämmen. Das besonders aufmüpfige III. Geschwader unter Vizeadmiral Hugo Kraft wird noch am 31. Oktober auf dessen Wunsch mit 5000 Mann nach Kiel zurückgesandt. Durch den Kaiser-Wilhelm-Kanal (heute Nord-Ostsee-Kanal) geht es in den Heimathafen. Noch während der Fahrt werden 47 Matrosen der *Markgraf* als angebliche Rädelsführer des Aufstandes verhaftet.

In der Nacht auf den 1. November erreicht das Geschwader Kiel. Die Verhafteten werden in das Fort Herwarth im Norden der Stadt gebracht. Etliche der nicht verhafteten Matrosen dürfen an Land. Damit beginnt ein gänzlich neues Kapitel, denn sie steuern nicht nur die Hafenkneipen und die Bordelle an.

Die Matrosen wollen ihre Kameraden freibekommen und ein erneutes Auslaufen der Schiffe verhindern; sie nehmen Kontakt zu anderen Seeleuten an Land auf, auch zu Arbeitern, vor allem auf den Werften. Die sind ebenfalls aufgewühlt und wollen unverzüglich Frieden. Neben den Soldaten sind die Arbeiter die Hauptleidtragenden des Krieges; sie hungern, weil es immer weniger Lebensmittel gibt.

Dass etwas in der Luft liegt, ist auch Wilhelm Souchon nicht entgangen, dem Gouverneur von Kiel, der erst seit wenigen Tagen im Amt ist. Der hochdekorierte Admiral – im Krieg hat er unter anderem die osmanische Flotte befehligt – warnt den Geschwaderkommandanten Kraft bereits am 1. November vormittags und rät ihm, mitsamt den Matrosen Kiel wieder zu verlassen. Kraft hingegen meint, es werde sich alles beruhigen. Die Seemänner sollen an Land von der Polizei überwacht werden. Die hat schon am Abend desselben Tages einiges zu berichten: Im Kieler Gewerkschaftshaus in der Innenstadt versammeln sich rund 250 Seeleute, auch Unteroffiziere machen jetzt mit. Sie senden eine Delegation zu ihren Offizieren und bitten um die Freilassung der Kameraden. Die Antwort: Nein.

Am folgenden Tag, dem 2. November, sind es bereits 600 Mann, die sich treffen, darunter auch etliche der an Land stationierten Mariner, die Solidarität mit ihren Kameraden zur See demonstrieren. Sie versammeln sich auf einem Exerzierplatz am Vieburger Gehölz im Süden von Kiel, denn das Gewerkschaftshaus wird von Polizeiposten abgeriegelt. Hitzige Reden fachen den Kampfesmut der Männer an. Der Dienst soll verweigert werden, die Werftarbeiter wollen streiken. Die Menge fordert ein sofortiges Ende des Krieges und ein neues politisches System. Sie hat nun auch Anführer: Karl Artelt, ein Arbeiter auf der Germaniawerft, ist Mitglied der Kieler USPD; er hat bereits während des Krieges einige Streiks organisiert. Zu ihm gesellt sich der ehemalige Werftarbeiter Lothar Popp, ein führendes USPD-Mitglied. Man beschließt, sich am kommenden Tag erneut zu versammeln.

Die Kampfbereitschaft auf beiden Seiten wächst, die Flottenkommandeure ziehen die Daumenschrauben an: Am Morgen des 3. November werden weitere 57 Matrosen der *Markgraf* verhaftet, eine Reaktion auf die Versammlung am Vorabend. Zugleich bittet der Kieler Gouverneur Souchon um Hilfe aus Berlin: Man möge doch bitte einen prominenten Sozialdemokraten schicken, der die Aufständischen beruhigt. Dass man nun bei den verhassten Roten anklopfen muss, empfinden die Offiziere gewiss als Erniedrigung.

Am frühen Abend des 3. November wollen sich die Aufständischen erneut versammeln, angeführt von der USPD. Um die Beteiligung der Matrosen zu verhindern, ordnet die Marine einen Stadtalarm mit Trommeln und Trompeten an, der die Männer auf ihren Schiffen und in den Kasernen halten soll. Er verpufft wirkungslos. Stattdessen kommen abends gegen halb sechs mehr und mehr Soldaten und Arbeiter auf dem Exerzierplatz am Vieburger Gehölz zusammen – mittlerweile ist ihre Zahl auf 6000 gewachsen. Auch Frauen sind dabei.

An diesem Abend wird aus dem Protest eine Revolte. Die Menge setzt sich in Bewegung und stürmt das Lokal Waldwiese, eine Hilfskaserne, befreit die dort Arrestierten, schnappt sich Gewehre und zieht

in die Kieler Innenstadt. Hochrufe auf die Internationale und die Republik schallen durch die Straßen, man hört die Forderung: »Weg mit dem Kaiser!«

Eine Marineeinheit unter dem Leutnant der Reserve Oskar Steinhäuser soll den Zug aufhalten. Es kommt zum Zusammenprall: Die Demonstranten gehen weiter, Steinhäuser erteilt den Befehl zum Schießen. Doch seine Matrosen halten beim Schuss ihre Gewehre in die Luft; Steinhäuser wird von hinten niedergeschlagen. Er erhebt sich, gibt erneut Feuerbefehl. Jetzt schießen die Soldaten in die Menge, bevor sie selbst fliehen. Die erschrockenen Rebellen weichen zurück, drängen dann aber wieder vor. Steinhäuser wird nochmals niedergeschlagen und weggebracht, überlebt aber.

Plötzlich fahren Feuerwehrautos auf den Kampfplatz. Die Demonstranten laufen auseinander. Wei-

VOM STREIK ZUM AUFSTAND

Matrosen demonstrieren Anfang November 1918 in Kiel vor dem Stationsgebäude der Marine. Auf Plakaten steht: »Bevölkerung Kiels – bleib ruhig«

tere Militäreinheiten schießen in die Menge, zielen dabei vor allem auf die Beine. Schließlich weichen die Aufständischen der Gewalt. Die traurige Bilanz: sieben Tote und 29 Verwundete. Als Souchon von der Katastrophe erfährt, fordert er Verstärkung vom Reserve-Armee-Korps aus Altona bei Hamburg an. Doch als sich die Demonstrationen zerstreuen, zieht er das Gesuch zurück. Wie zuvor Geschwader-Kommandeur Kraft erliegt Souchon dem Irrtum, dass sich die Lage von allein beruhigen werde.

Bereits in der Nacht zum 4. November gehen die Unruhen weiter. Souchon ruft abermals nach Verstärkung. Immer mehr Werftarbeiter streiken, nun werden Kasernen von den Aufständischen belagert, und das Stationskommando findet keine loyalen Einheiten mehr. Niemand will die Revolte niederknüppeln. Die Matrosen wählen einen Soldatenrat, eine Anleihe bei der russischen Oktoberrevolution. In den »14 Kieler Punkten« fordert der Rat neben der Freilassung der Gefangenen auch Grundrechte wie Rede- und Pressefreiheit.

Um 13.45 Uhr gibt Wilhelm Heine, Kapitän zur See und Stadtkommandant von Kiel, eine Meldung durch: »Die militärischen Machtmittel zur Unterdrückung der Meuterei sind erschöpft.« Nun bleibt der Marineleitung nur noch eins: verhandeln. Während Gouverneur Souchon seine Bereitschaft hierzu signalisiert, laufen weitere Matrosen zu den Revoltierenden über. Gegen 15 Uhr findet sich eine vierköpfige Vertretung der Aufständischen bei Souchon ein. Sie stellt drei Forderungen: Freilassung der verhafteten Matrosen des III. Geschwaders, Untersuchung der Schießerei am Vortag und kein weiterer Flottenvorstoß.

Souchon gibt sofort nach. Außerdem informiert er die Vertreter der Rebellen über die Ankunft von Gustav Noske, dem Mann aus der SPD-Spitze, den er in Berlin angefordert hatte. Noske, damals Reichstagsabgeordneter, wird begleitet von dem linksliberalen Politiker Conrad Haußmann, der die Reichsregierung repräsentieren soll.

Der Sieg der Matrosen ist unumkehrbar. Daran ändert weder das Auslaufen des III. Geschwaders in die Lübecker Bucht etwas noch das Eintreffen von Hilfstruppen. Die werden bereits am Bahnhof durch Aufständische entwaffnet, sofern sie sich nicht ohnehin der Bewegung anschließen; auf etwa 20.000 Mann ist diese angeschwollen.

Am Abend des 4. November gegen 21 Uhr sitzen sich Revolutionäre und Staatsmacht im Stationskommando gegenüber und verhandeln. Noske und Haußmann sind dabei, Souchon und einige Stabsoffiziere; auf der anderen Seite die Vertreter der Matrosen, aber auch der Parteien und Gewerkschaften. Der USPD-Politiker Lothar Popp sagt zur Marineleitung: »Sie reden immer von einer Matrosenrevolte. Das war es vielleicht gestern und vorgestern noch, aber heute nicht mehr. Wir befinden uns jetzt hier am Anfang der deutschen Revolution.«

Am folgenden Tag, dem 5. November, greift die Bewegung vom Festland auf die im Hafen verbliebenen Kriegsschiffe über. Die Aufrührer hissen rote Flaggen, als Zeichen der Revolution. Dabei kommt es auf der *König* zu einem Schusswechsel. Der Kapitän erschießt einen Obermatrosen, der die kaiserliche Flagge einholen will. Doch die Matrosen siegen: Zwei Offiziere werden getötet, der Kapitän wird verwundet.

Nun greifen die Aufständischen nach der Macht in Kiel: Ein zentraler Soldatenrat bildet sich ebenso wie ein zentraler Arbeiterrat, der paritätisch mit USPD- und SPD-Mitgliedern besetzt ist. Damit nehmen die Kieler den Umsturz vorweg, der sich wenige Tage später in Berlin ereignen wird.

Gleichzeitig werden Offiziere verhaftet, man fürchtet die Konterrevolution. Es droht ein Überschäumen des Aufstandes mit blutiger Rache an den Oberen der Marine. Um Ausschreitungen zu begegnen, wird von den Revolutionären rasch ein Sicherheitsdienst gebildet. Doch der kann nicht verhindern, dass Stadtkommandant Wilhelm Heine von Matrosen in seiner Wohnung aufgesucht und erschossen wird. Zwei Kapitäne begehen Selbstmord. Prinz Heinrich von Preußen, Großadmiral und Bruder des Kaisers, flieht aus seinem Kieler Schloss aufs Land.

Derweil erobert die Bewegung im Sturm Schleswig-Holstein und die übrige Küste an Nord- und Ostsee. Doch Noske, der SPD-Beauftragte, will die Revolution kanalisieren und die Arbeiter- und Soldatenräte von radikalen Forderungen abbringen. Tatsächlich stellt sich in Kiel vom 7. November an wieder ein halbwegs normaler Alltag ein. Neuer Gouverneur der Stadt wird Gustav Noske selbst, nachdem die Vertreter der Arbeiter und Soldaten dem zugestimmt haben. Lothar Popp wird Vorsitzender des Soldatenrats.

Es kommt, wenig überraschend, zu einem Machtkampf. Noske will Ruhe und Ordnung herstellen, Popp den Umbruch forcieren. Noske ist dabei geschickter: Er gewährt einem großen Teil der Matrosen Urlaub und entzieht der Revolution so die Basis. Allerdings verbreitet diese sich nun umso schneller im Binnenland auch weit hinter der Küste.

In Kiel will der Arbeiterrat eine Republik Schleswig-Holstein ausrufen (bisher war das Land eine Provinz des Königreichs Preußen). Doch Noske verhindert den revolutionären Akt. Es wird lediglich eine provisorische Regierung für das Land gebildet. Der ordnungsliebende SPD-Mann bekommt immer mehr Oberwasser. Als sich am 8. November ein neuer Soldatenrat mit Popp und Artelt an der Spitze formiert, blockiert er auch diesen – mit der abenteuerlichen Lüge, es stehe ein Angriff der Briten auf Kiel bevor. Es gelingt Noske sogar, die Matrosen allmählich wieder auf ihre Schiffe zu bringen. Die Offiziere haben es letztlich ihm zu verdanken, dass sie alsbald wieder auf der Kommandobrücke stehen dürfen. Freilich treten sie nicht vollständig in ihre alten Rechte ein; sie sind nun eher Vorgesetzte als Befehlsgeber.

Am 9. November ist in Kiel wieder Ruhe eingekehrt. Längst hat sich der Hauptschauplatz der Revolution nach Berlin verlagert, wo an diesem Tag die Republik ausgerufen wird. Als Impulsgeber der Revolution haben sich die Kieler Matrosen und Arbeiter ihr Kapitel im Geschichtsbuch aber gesichert.

Und die Flotte? Sie findet im Windschatten des Aufstandes doch noch ein Ende, das den Vorstellungen der Admiralität entspricht: Nach dem Waffenstillstand vom 11. November 1918 muss sie zwar in den britischen Stützpunkt Scapa Flow einlaufen, hoch im Norden Schottlands; Ende November treffen die letzten Schiffe ein. Als am 21. Juni 1919 aber die dort ebenfalls stationierte britische Flotte zu einem Manöver ausläuft, nutzt Konteradmiral Ludwig von Reuter die Gunst der Stunde: Er lässt die deutschen Schiffe versenken, die Besatzungen steigen in die Rettungsboote. So wird verhindert, dass die Alliierten die Flotte übernehmen können.

Der Materialwert der versenkten Schiffe ist indes so hoch, dass ein Teil von ihnen zwischen 1923 und 1946 geborgen wird. Sieben Wracks, der letzte Rest der stolzen kaiserlichen Flotte, sind in Scapa Flow geblieben. Sie liegen dort auf dem Grund der Nordsee und ziehen wagemutige Taucher an; seit 1995 stehen sie unter Denkmalschutz. Eines dieser Wracks ist die *Markgraf,* auf der einst die deutsche Revolution begann. ∎

RALF ZERBACK *ist Journalist und Historiker.*
Er lebt in Frankfurt am Main

DER RAT REGIERT
Am 5. November übernehmen Soldaten und Arbeiter die Macht in Kiel. Sie versprechen zuallererst eine sichere Versorgung mit Lebensmitteln

WEITERLESEN
Sonja Kinzler, Doris Tillmann (Hrsg.): »Die Stunde der Matrosen. Kiel und die deutsche Revolution 1918« Theiss Verlag, Kiel/Darmstadt 2018

»Es gehorcht ja kein Mensch mehr«

Steht in einer Revolution »Gewalt der Gewalt« gegenüber, so wusste Hannah Arendt, »hat sich noch immer die Staatsgewalt als Sieger erwiesen«. Zumindest so lange, wie Polizei und Armee bereit seien, von ihren Waffen Gebrauch zu machen. »Ist das nicht mehr der Fall, ändert sich die Situation jählings. [...] Wo Befehlen nicht mehr gehorcht wird, sind Gewaltmittel zwecklos.«

Seit Ende Oktober 1918 wird in Deutschland nicht mehr gehorcht. Von den rebellierenden Matrosen in Wilhelmshaven und Kiel losgetreten, breitet sich die Umsturzbewegung unwiderstehlich nach Süden aus. In der Geschichtsschreibung fehlt es dafür nicht an Metaphern: Wie ein »Lauffeuer« oder »Steppenbrand« sei die Revolution über das Kaiserreich hinweggefegt. Solche Bilder treffen die atemraubende Dynamik der Ereignisse. Doch zugleich sind sie grundfalsch, denn zurück blieben keine Zonen der Verheerung zwischen Kiel, München und Berlin, im Gegenteil: Diese Revolution war in ihren allerersten Wochen vergleichsweise »gutmütig«, wie der Publizist Sebastian Haffner 1969 betonte. Sie kam ohne Lynchjustiz und Tribunale aus.

Tatsächlich ist die Massenbewegung vor allem eines: eine Antikriegsbewegung. Sie folgt keinem Plan, besitzt kein konspiratives und dirigierendes, schon gar kein bolschewistisches Zentrum, wie die Eliten des Kaiserreichs argwöhnen. Aus dem Nichts freilich

Am 9. November erreicht die Freiheitsbewegung Berlin.
Den protestierenden Arbeitern und Soldaten
haben die alten Gewalten nichts entgegenzusetzen.
Doch für die neue Regierung fangen die Probleme erst an

VON KLAUS LATZEL

VON KIEL NACH BERLIN
Der Kieler Matrose Johann Marx trägt die Fahne der Revolution am 9. November 1918 demonstrativ über den Boulevard Unter den Linden. Jung und Alt schließen sich an

kommt die Revolution auch nicht. Der Krieg hat die Lebensbedingungen zum Teil erheblich verschlechtert und die sozialen Spannungen verschärft; materielle Not, Lebensmittelknappheit und Brennstoffmangel prägen den Alltag. Das massenhafte Abschlachten an den Fronten hat immer mehr Ehemänner, Brüder oder Väter ihren Familien entrissen. Nicht nur in der Arbeiterschaft, sondern bis weit ins bürgerliche Lager lässt die seelische und körperliche Erschöpfung den Wunsch nach Frieden dringlicher werden.

Die Dynamik, mit der sich die Aufstandsbewegung im Kaiserreich ausbreitet, überrascht auch die Revolutionäre selbst. Die Sendboten des Umsturzes sind zunächst die Kieler Matrosen. Die ersten von ihnen landen am 4. November mit einem Minenschiff in Cuxhaven, dem Stützpunkt der kaiserlichen Marine an der Elbmündung. Was sich dort abspielt, wird sich in den nächsten Tagen so oder ähnlich überall zutragen. Die Matrosen bestätigen die bekannten Zeitungsmeldungen und Gerüchte über die Wilhelmshavener und Kieler Ereignisse. Dann treffen sich die Vertrauensleute der Marinestation mit Werftarbeitern und bereiten eine öffentliche Versammlung vor, auf der ein Arbeiter- und Soldatenrat gewählt wird. Anschließend zieht eine Demonstration zur Kommandantur, der Rat übernimmt die Kommandogewalt. Nach wenigen Tagen liegen die militärische und ein Teil der politischen Macht in seinen Händen.

Wie in Cuxhaven sind Matrosen in vielen weiteren Städten in Nord- und Westdeutschland am Umsturz beteiligt, entweder als Überbringer von Informationen oder zusammen mit Garnisonssoldaten und Arbeitern als Träger des Aufstands, manchmal sogar als dessen Initiatoren. Die Umsturzbewegung erreicht am 5. November Lübeck, in der folgenden Nacht Hamburg, dann die Ostseeküste mit Wismar, Schwerin, Warnemünde und Rostock, aber auch bereits Bremen und Bremerhaven.

Bald dringen die Nachrichten über die kollabierende Militärgewalt nach Berlin. Unter ihrem Eindruck sieht sich Siegfried Graf von Roedern am 6. November zu einem verblüffenden Vorschlag gezwungen: Mit militärischen Mitteln, so trägt der Staatssekretär im Reichsschatzamt dem Kriegskabinett vor, könne man die Umsturzbewegung nicht mehr aufhalten. Wäre es da nicht besser, die Marine einfach aufzulösen und die Mannschaften zu entlassen? Die Reichsregierung lehnt ab. An realistischen Alternativen fehlt es freilich ebenfalls: Roederns Vorschlag ist symptomatisch für die Ratlosigkeit, die in der Reichsleitung um sich greift. Schon spricht der neue Reichskanzler Max von Baden von einer zu bildenden militärischen »Nordfront«, an der das Binnenland und die Hauptstadt Berlin verteidigt werden müssten.

Aber auch dies bleiben Wunschvorstellungen. In der Nacht zum 7. November ist Hannover in der Hand der Aufständischen, am Tage kommen Braunschweig und Celle hinzu. Völlig unabhängig von den »Sturmvögeln der Revolution«, wie die Matrosen nach einem Kampflied russischer Arbeiter bald genannt werden, siegt die Umsturzbewegung am 7. November in München und erklärt König Ludwig III. für abgesetzt. Bis Ende November werden auch die übrigen zwanzig deutschen Könige und Fürsten ihren Abschied aus der Geschichte nehmen. Am 8. November triumphieren die Revolutionäre in Köln und Frankfurt am Main, in Dortmund und Essen, in Nürnberg und Würzburg, in Halle und Magdeburg, in Cottbus und Stendal, in Gotha und Weimar, in Leipzig und Dresden, in Brieg und Gandau und vielen weiteren Städten.

Häufig ergreifen die örtlichen Militärformationen die Initiative. In Städten, in denen die radikale Linke starken Einfluss ausübt, wie in Bremen, Braunschweig und Leipzig, erheben sich Soldaten und Arbeiter auch gleichzeitig. Die Aufständischen ziehen in bewaffneten Demonstrationen durch die Stadt, entwaffnen die Offiziere und reißen ihnen Rangabzeichen und Kokarden, die Insignien des verhassten Militärsystems, von der Uniform. Sie besetzen Polizeiwachen, Bahnhofskommandanturen und Telegrafenämter, öffnen die Arrestanstalten und Gefängnisse und befreien die militärischen und politischen Gefangenen.

Polizei und Militärbehörden leisten fast nirgends ernsthaften Widerstand. Die Truppen kümmern sich nicht mehr um die Befehle, die Arbeiter treten in den Generalstreik. Meist dauert es nur ein, zwei Tage, bis die Militär- und Polizeigewalt zusammenbricht. Nur in wenigen Städten kommt es zu Schießereien wie in Hamburg oder Hannover.

Die Arbeiter- und Soldatenräte entstehen spontan in den ersten Tagen des Umsturzes. Sie werden in improvisierter, später auch in regulierter Form in Kasernen, Betrieben oder auf Volksversammlungen gewählt. So wie allerorts die militärische und die zivile Bewegung schnell zusammenfinden, fusionieren auch ihre Vertretungsorgane in gemeinsamen Ausschüssen. Die Arbeiterräte bilden den proletarischen Teil der Revolutionsbewegung, während in den Soldatenräten Angestellte, Handwerker, kleine Gewerbetreibende und Akademiker für ein Übergewicht der bürgerlichen Schichten sorgen.

Die Mehrheitssozialdemokraten dominieren die Arbeiter- und Soldatenräte in großen Teilen von

LETZTE WACHE
Soldaten schützen das Regierungsviertel. Nur vereinzelt kommt es am 9. November zu Schießereien. Viele Armeeangehörige laufen zu den Revolutionären über

Baden und Württemberg, im Rheinland, in Hessen, in Niedersachsen und in den Gebieten östlich der Elbe, in den meisten Städten des Ruhrgebiets sowie in Großstädten wie Köln, Hannover, Magdeburg und Dresden. Ein klares Übergewicht der radikalen Linken findet sich nur in Bremen, Braunschweig und Leipzig, in einigen Städten des Ruhrgebiets, in Düsseldorf, Halle und Zwickau. Vielerorts setzen sich die Räte paritätisch aus SPD- und USPD-Mitgliedern zusammen. Je geringer der Einfluss der USPD und der meist unbedeutenden Spartakusgruppe, desto eher öffnen sich die Räte für die Mitarbeit von christlichen Gewerkschaftern, Parteilosen und Liberalen – und nennen sich dann beispielsweise »Volksrat« wie in Bielefeld oder Breslau.

Die frühen programmatischen Äußerungen der Räte lehnen sich häufig an Forderungen an, die bereits die Aufständischen in Kiel formuliert haben. Obenan stehen der sofortige Frieden sowie die Freilassung der eigenen Kameraden und der politischen Gefangenen. Die Räte fordern Maßnahmen gegen das demütigende militärische Disziplinar- und Strafsystem und die allgemeine Rechtlosigkeit der Mannschaften. Ferner stehen Rede- und Pressefreiheit und die Aufhebung der Briefzensur auf der Agenda. Je nach politischer Färbung streben sie die Sozialisierung der Schlüsselindustrien sowie eine »freie« oder »sozialistische« Republik an, nur wenige wollen eine Räteherrschaft nach russischem Muster.

Davon unabhängig versichern die Räte, durch ihre bewaffneten Kräfte Ruhe und Sicherheit zu gewährleisten, das Eigentum zu schützen, die Versorgung mit Lebensmitteln sicherzustellen und scharf gegen Plünderer vorzugehen. Allerorten werden die kommunalen und die Regierungsbehörden unter Aufsicht gestellt.

Noch aber fehlt die Hauptstadt. Der Oberkommandierende in den Marken, Generaloberst Alexander von Linsingen, sieht sich angesichts der einlaufenden Meldungen über die Erfolge der revolutionären Bewegung in Norddeutschland zu Abwehrmaßnahmen gezwungen. Er lässt die wichtigsten Durchgangsbahnhöfe auf den Eisenbahnstrecken nach Berlin mit Wachen besetzen, Schienenstränge aufreißen, Brückensprengungen vorbereiten und verhängt schließlich eine komplette Eisenbahnsperre nördlich einer Linie von Danzig über Berlin bis Osnabrück. Vergebens. Revolutionäre Matrosen und Soldaten durchbrechen die Bahnhofssperren, überwältigen die Wachmannschaften, umgehen die Kontrollen. Von kämpferischer Gegenwehr der eingesetzten Truppen kann keine Rede sein, auch das

Gros ihrer Offiziere hat vor allem eines im Sinn: unbeschadet durch die letzten Kriegstage zu kommen. Am 8. November steht die Aufstandsbewegung vor den Toren Berlins.

In der Hauptstadt fordert die SPD-Führung am 7. November zum wiederholten Male und diesmal ultimativ die Abdankung des Kaisers. Damit sollen nicht nur die Revolutionäre aufgehalten, sondern auch erträglichere Bedingungen für den Waffenstillstand mit den Alliierten ermöglicht werden. Doch der Kaiser weigert sich beharrlich. Die SPD verlängert das Ultimatum bis zum Abschluss des Waffenstillstandes. Gleichzeitig warnt sie die Arbeiter-

schaft im *Vorwärts* und in Flugblättern vor »unbesonnenem Losschlagen« und fordert sie auf, Ruhe zu bewahren. Inzwischen haben bewaffnete Truppen an strategisch wichtigen Orten in Berlin Posten bezogen, um den erwarteten Aufstand niederzuschlagen.

Dieser beginnt am 9. November, zunächst in Form eines Generalstreiks. Geplant haben ihn vor allem die Revolutionären Obleute, ein Netzwerk von Vertrauensleuten aus den Betrieben der Berliner Metallindustrie. Sie stehen dem linken Flügel der USPD nahe und hatten schon beim Januarstreik 1918 eine führende Rolle gespielt. In den vergange-

GROSSER MOMENT
Vom Reichstag aus ruft Philipp Scheidemann am Nachmittag des 9. November die Republik aus. Das Foto ist vermutlich eine Montage

REGIERUNG DER REVOLUTION Ebert lädt die USPD ein, mit der SPD den Rat der Volksbeauftragen zu bilden. Diesem treten bei (v. l.):

der Unabhängige Emil Barth, Otto Landsberg, Ebert, die Unabhängigen Hugo Haase und Wilhelm Dittmann sowie Philipp Scheidemann

nen Monaten haben sie Umsturzpläne diskutiert, Aufmarschpläne entworfen und Waffen gehortet. Eigentlich sollte der Aufstand erst am 11. November beginnen, jetzt aber kommen sie den Ereignissen kaum hinterher. Seit dem frühen Morgen des 9. November wälzen sich riesige Demonstrationszüge von den Großbetrieben am Stadtrand Richtung Zentrum und Regierungsviertel.

Die Aufständischen wissen nicht, was sie erwartet. Noch haben die Regierungstruppen Befehl, von der Schusswaffe Gebrauch zu machen. Doch häufig bewegen die Demonstranten die Soldaten dazu, sich ihnen anzuschließen. An der Kaserne der Gardefüsiliere an der Chausseestraße erschießt ein Offizier drei Demonstranten. Bei weiteren Zusammenstößen wird es erneut Tote geben, am Abend dieses Tages werden es fünfzehn sein. Dass es nicht mehr sind, ist nicht das Verdienst der Militärführung, sondern der Soldaten, die ihr den Gehorsam verweigern.

Auch in Berlin bricht das Militärsystem in kürzester Zeit zusammen. Selbst vermeintlich zuverlässige Formationen wie die Naumburger Jäger laufen über und wählen Soldatenräte. Die verbrüderten Arbeiter und Soldaten besetzen Regierungsgebäude und Behörden, befreien Gefangene und entwaffnen Offiziere. Am frühen Nachmittag befindet sich die Hauptstadt in den Händen der Aufständischen, weithin zu sehen an den roten Fahnen auf Reichstag, Brandenburger Tor und Rotem Rathaus.

Während die Massen auf den Straßen binnen weniger Stunden die bewaffnete Macht des Kaiserreichs zum Einsturz bringen, gelingt der SPD-Führung eine atemraubende taktische Wende. Sie tritt aus der Regierung aus und setzt sich an die Spitze der Umsturzbewegung. Der Parteivorstand gründet einen eigenen »Arbeiter- und Soldatenrat« aus Betriebsvertrauensleuten, der sogleich seine Urheberschaft für den Generalstreik behauptet.

Unterdessen hat Kanzler Max von Baden aus dem Großen Hauptquartier in Spa vernommen, dass Wilhelm II. sich zum Rücktritt entschlossen habe. Als die versprochene Abdankungsurkunde nicht eintrifft, lässt er kurzerhand auf eigene Faust verkünden, der Kaiser habe dem Throne entsagt. Und er überträgt Ebert auf dessen Verlangen das Amt des Reichskanzlers – nach der Verfassung unmöglich, aber die Revolution schafft ihr eigenes Recht.

Es folgen zwei viel beschriebene Szenen: Um 14 Uhr verkündet Philipp Scheidemann von einem Fenster des Reichstags aus, das »deutsche Volk« habe »auf der ganzen Linie gesiegt«; er proklamiert die »deutsche Republik« und ruft zu »Ruhe, Ordnung und Sicherheit« auf. Karl Liebknecht, erst gut zwei Wochen zuvor aus dem Zuchthaus entlassen, tut es ihm zwei Stunden später erst im Lustgarten, dann vom Stadtschloss aus nach, mit zwei wesentlichen Unterschieden: Liebknecht proklamiert die »Freie Sozialistische Republik Deutschland«, und er fordert dazu auf, die Revolution »bis zur Vollendung der Weltrevolution« weiterzutreiben.

Der symbolische Wert dieser Auftritte ist lange überschätzt worden. Die folgenden Wochen werden keinen Entscheidungskampf zwischen Republik und Revolution nach russischem Vorbild sehen. Auch wenn Scheidemann den Massen vor dem Reichstag zuruft, sie sollten dafür sorgen, dass »die neue deutsche Republik, die wir errichten werden, nicht durch irgendetwas gefährdet werde«, und dabei die radikale Linke im Auge hat: Die größte Gefahr für den Erfolg der Revolution wird aus einer ganz anderen Richtung kommen.

Um die revolutionäre Bewegung einzubinden, macht Ebert der USPD-Führung das Angebot einer paritätisch zu besetzenden Regierung. Die Verhandlungen zwischen den im Krieg zutiefst zerstrittenen Parteien stehen unter dem Druck der Basis, nach der siegreichen Revolution und dem abzusehenden

Kriegsende nunmehr endlich den »Bruderkampf« zu beenden. Mit der Bildung des Rats der Volksbeauftragten am 10. November gelingt dies, während sich Wilhelm II. kurz zuvor ins Exil nach Holland verabschiedet. Ebert ist unter den sechs Volksbeauftragten Primus inter Pares, die wichtigsten Ressorts (Inneres, Militärwesen und Finanzen) sowie die Schlüsselstellungen in der Reichskanzlei hat sich die SPD gesichert.

Am Abend desselben Tages wählt eine Vollversammlung von rund 3000 Delegierten der Arbeiter- und Soldatenräte im Kuppelbau des Zirkus Busch einen zentralen Aktionsausschuss. Diesen »Vollzugsrat der Arbeiter- und Soldatenräte Groß-Berlins« bilden je 14 Soldaten- und Arbeitervertreter, Letztere werden paritätisch von SPD und USPD gestellt. Den Vorsitz übernimmt Richard Müller, einer der führenden Köpfe der Revolutionären Obleute. Die Spartakusgruppe spielt nur eine Nebenrolle, laut, aber wenig einflussreich. Der Vollzugsrat bildet das zweite politische Zentrum neben der Revolutionsregierung, die er kontrollieren soll, bis eine gesamtdeutsche Räteversammlung zusammentritt.

Keine zwei Wochen nach der Initialzündung in Wilhelmshaven hat die Revolution den Umsturz herbeigeführt und das kaiserliche Militärregime entmachtet. Noch nie, so notiert Harry Graf Kessler am 10. November in seinem Tagebuch, »ist das ganze innere Gerüst einer Großmacht in so kurzer Zeit so vollkommen zerstäubt«. Die Arbeiterbewegung, repräsentiert in der Regierung und in den Arbeiter- und Soldatenräten, verfügt über so viel Macht zur politischen Gestaltung wie niemals zuvor. Was wird sie damit anfangen?

Die Probleme, vor denen die Regierung steht, sind gewaltig: Das Feldheer muss demobilisiert, die Kriegs- auf Friedenswirtschaft umgestellt und die Versorgung der Bevölkerung mit Lebensmitteln und Brennstoffen gesichert werden. Von den anstehenden Grundsatzfragen ganz zu schweigen: Soll eine verfassunggebende Nationalversammlung über das politische System der neuen Republik entscheiden, wie es der Rat der Volksbeauftragten will? Oder soll statt der bürgerlichen Demokratie ein Rätesystem errichtet werden, wie es der linke Flügel der USPD und die Spartakusgruppe fordern?

Die erste Amtshandlung der neuen Regierung ist die Unterzeichnung des Waffenstillstands am 11. November. Am nächsten Tag hebt sie den Belagerungszustand auf, schafft die Zensur ab und garantiert die Meinungsfreiheit; alle politischen Gefangenen werden amnestiert. In der Wirtschaft soll vom 1. Januar 1919 an der Achtstundentag gelten; größere Reformen wie die Sozialisierung der Schwerindustrie schiebt der Rat der Volksbeauftragten dagegen auf die lange Bank. Epochal ist eine andere Entscheidung: Künftig sind alle Parlamente, auch die in Aussicht gestellte Nationalversammlung, nach dem allgemeinen, gleichen, geheimen und direkten Wahlrecht für Männer und Frauen zu wählen. Bereits im Dezember bilden sich auf diesem Weg die ersten Länderregierungen in Anhalt und Braunschweig.

Die weitgehend widerstandslose Machtübernahme durch den Rat der Volksbeauftragten darf nicht

DER KRIEG IST AUS
Millionen deutsche Soldaten kommen Ende 1918 von der Front zurück: Ein Heimkehrer schlendert mit seiner Familie durchs winterliche Berlin

darüber hinwegtäuschen, dass sich diese Macht allein auf die Mehrheit der Industriearbeiter und der Soldaten des Heimatheeres stützt. Sofort beginnen diejenigen gesellschaftlichen Gruppen, die ihre Interessen bedroht sehen oder gar den Bolschewismus wittern, die Regierung zu bedrängen. Die Vertreter der Landwirte erwirken den Schutz vor einer Bodenreform, während Kaufleute und Handwerker, Freiberufler und Beamte ihrerseits Räte bilden und sogar zu Gegenstreiks aufrufen.

Am vehementesten versuchen die alten Spitzenmilitärs, ihre verlorene Geltung zu restaurieren. Für das Offizierskorps konnte die Erfahrung der Revolution niederschmetternder nicht sein. Am 11. No-

RAT DER RÄTE
Der Vorsitzende Richard Müller eröffnet im Dezember 1918 im Preußischen Abgeordnetenhaus die Sitzung des Reichsrätekongresses

vember schreibt Oberst Albrecht von Thaer, Chef des Stabes beim Generalquartiermeister II im Großen Hauptquartier, in einem Brief: »Ein solcher Zusammenbruch, solche Schmach und Schande! Einerseits von so übermütigen, hetzerischen Feinden durch ihre gewaltige Übermacht überwunden und nunmehr vom eigenen Volke in dieser Weise mißverstanden und verlassen, wehrlos und ehrlos gemacht, geht der rote Terror des Bolschewismus in Deutschland los, genau wie in Rußland? [...] Es ist ein unsagbares Gefühl, daß das seit Jahrhunderten bisher so zuverlässige Element, unsere Armee, mit ihrer Disziplin und Tapferkeit, mit einem Mal zerbrochen, weg, vorbei ist. Es gehorcht ja kein Mensch mehr.« Insbesondere adelige Offiziere empfinden den Verlust ihrer Befehlsgewalt als Vertrauensbruch, als existenzielle Bedrohung ihrer Lebensweise durch das »gemeine Volk«, das sie im Stich gelassen habe.

Am 10. November kommt es zu dem legendären Telefongespräch, in dem General Wilhelm Groener dem Volksbeauftragten Ebert die Loyalität der Obersten Heeresleitung (OHL) und des Offizierskorps versichert. Dafür müsse die Regierung den »Bolschewismus« bekämpfen und dabei mitwirken, wieder »Ordnung und Disziplin« im Heer zu schaffen. Einen Tag später verbreitet die OHL im Feldheer einen – selbst formulierten – Erlass der Regierung, der die Befehlsgewalt der Offiziere bestätigt. Damit werden die im Feldheer erst verzögert gebildeten Soldatenräte sofort wieder entmachtet.

Die Regierung kommt den Generalen bereitwillig entgegen, weil sie für den Fall, dass die Demobilisierung der Truppen nicht geordnet ablaufe, »ein Chaos mit Hunger und Not« befürchtet. Sie hält die OHL, wie diese sich selbst, für unersetzbar – eine Fehleinschätzung angesichts vorhandener Alternativen. Die Möglichkeit, etwa die Oberbefehlshaber der Armeen mit der Abwicklung zu betrauen, wird erst gar nicht in Erwägung gezogen.

Die Offiziere des heimkehrenden Heeres nutzen die Gelegenheit zur Abrechnung mit den Arbeiter- und Soldatenräten, befehlen in vielen Fällen deren Auflösung und die Beseitigung ihrer revolutionären Embleme. Dabei kommt es immer wieder zu bewaffneten Übergriffen der Fronttruppen. Der Verbindungsoffizier der OHL beim Rat der Volksbeauftragten, Oberst Hans von Haeften, schlägt Ebert Mitte November vor, die Arbeiter- und Soldatenräte durch die noch zur Verfügung stehenden Truppen militärisch auflösen und Ebert zum Diktator ausrufen zu lassen. Ebert sagt weder Ja noch Nein. Am 6. Dezember kommt diesen Plänen ein dilettantischer Putschversuch eines Berliner Regiments zuvor, das den Vollzugsrat verhaftet und Ebert zum Präsidenten ausrufen will. Ebert, von den Putschisten damit konfrontiert, legt sich auch hier nicht fest.

Vier Tage später will die OHL ihre Gardedivisionen in Berlin einmarschieren lassen. Die Heimkehr dieser Fronttruppen soll genutzt werden, um die Arbeiter- und Soldatenräte aufzulösen, die Zivilisten zu entwaffnen und die alten Militärgewalten als einzige innere Ordnungsmacht zu etablieren. Der Vollzugsrat will dies verhindern; in Verhandlungen mit dem Rat der Volksbeauftragten, der OHL und dem preußischen Kriegsministerium kommt es zum Kompromiss: Einmarsch ohne schwere Waffen und erst nach Vereidigung der Truppen auf die Republik und deren Regierung. Die Hoffnungen, die die OHL mit der Heimkehr der Elitesoldaten verbindet, erweisen sich im Übrigen als voreilig: Kaum ist der Einzug in Berlin beendet, lösen sich die Gardetruppen größtenteils auf. »Kompanie um Kompanie«, so notiert ein Hauptmann in sein Tagebuch, »verschwindet im Menschengewühl Unter den Linden.«

Wie reagieren die Arbeiter- und Soldatenräte auf die Bedrohung ihrer Macht durch die OHL und die teils zögernde, teils nachgiebige Haltung der Regierung? Die Entscheidung fällt auf dem Reichsrätekongress, zu dem sich vom 16. bis 20. Dezember rund 500 Delegierte in Berlin versammeln. Sie sollen die Weichen für die Zukunft stellen: Nationalversammlung oder Rätesystem? Die allermeisten Räte haben längst deutlich werden lassen, dass sie sich selbst als Übergangserscheinung betrachteten. So ist es keine Überraschung, dass der Kongress das Rätesystem eindeutig ablehnt – eine klare Niederlage für den linken Flügel der USPD. Als Termin für die Wahlen zur Nationalversammlung wird der 19. Januar 1919 festgelegt. In der Sozialisierungsfrage indes drehen sich die Mehrheitsverhältnisse um: Der Kongress beauftragt die Regierung, »mit der Sozialisierung aller hierzu reifen Industrien, insbesondere des Bergbaues, unverzüglich zu beginnen«.

Die Diskussionen sind oft leidenschaftlich und hitzig. Das größte Erregungspotenzial besitzt die Militärpolitik. Am zweiten Kongresstag dringt eine Delegation von 19 Berliner Soldatenräten in den Sitzungssaal ein, verliest vier Forderungen zur Demokratisierung des Militärs und verlangt, sofort darüber zu beschließen. Es entsteht Lärm, es entsteht Tumult, Teile der SPD-Fraktion beginnen den Saal zu verlassen. Am nächsten Vormittag werden die »Hamburger Punkte« verabschiedet, mit denen die Macht des alten Offizierskorps ein für alle Mal gebrochen werden soll. Eine unverhohlene Kampfansage an die Oberste Heeresleitung. Diese antwortet, indem sie mit Rücktritt droht. Ebert formuliert einen zweifelhaften Kompromiss: Die Bestimmungen sollen nur für das Heimatheer, nicht für das Frontheer gelten, und sie können erst in Kraft treten, wenn dazu nähere Ausführungsbestimmungen erlassen werden. Der Kongressbeschluss ist damit faktisch erledigt.

Am Beginn der Revolution stand der rapide Schwund von Loyalität gegenüber der alten Obrigkeit. Doch seitdem ist es vor allem die SPD-Führung, die Vertrauen verspielt – ausgerechnet bei denen, die sie am 9. November an die Macht gebracht haben. Ebert, vor der Wahl, seine Regierung entweder auf die mehrheitlich sozialdemokratischen Arbeiter- und Soldatenräte oder auf die alten militärischen Gewalten zu stützen, entscheidet sich Mitte Dezember endgültig für das Militär. Die SPD wird dadurch einen erheblichen Teil ihrer Anhängerschaft an die radikalen Kräfte verlieren. Sie stärkt also genau diejenigen, die sie durch ihre Bindung an die OHL schwächen will. Im Versuch, den Bürgerkrieg zu verhindern, bereitet sie ihn vor. ■

KLAUS LATZEL *ist Historiker und lehrt Geschichte an der Technischen Universität Braunschweig*

Pakt mit den Patriarchen

Unter dem Druck der Revolution finden Gewerkschaften und Unternehmer zusammen. Die einen fürchten um ihren Einfluss, die anderen um ihr Eigentum

VON IRMGARD STEINISCH

Der Achtstundentag gehört zu den Forderungen vieler revolutionärer Arbeiterräte. Einige setzen ihn Anfang November 1918 eigenmächtig durch, bevor ihn der Rat der Volksbeauftragten am 12. November allgemein bestätigt. Ein wesentliches Ziel der Arbeiterbewegung ist damit schon in den ersten Tagen der Revolution erfüllt. Und die Unternehmer? Für sie geht es um mehr, um die Existenz. Den Großindustriellen droht die Sozialisierung ihres Eigentums. Im sogenannten Stinnes-Legien-Abkommen vom 15. November wird dieses Schreckgespenst gebannt.

Treibende Kraft hinter dem Abkommen sind die Unternehmer. Mit bewährtem Gespür für die neue machtpolitische Realität ergreifen sie die Initiative. Vor allem aus strategischen Gründen: Die kriegsmüden und hungernden Arbeiter fordern nicht nur auskömmliche Lebensbedingungen sowie ein Ende der Ausbeutung und der Unternehmerdiktatur in den Betrieben. Sie treten auch für die Verstaatlichung der Schlüsselindustrien ein.

Für die Großindustriellen wird der Verlust von Eigentum und Macht am Ende des Krieges, den nicht zuletzt die Ruhrbarone forciert haben, zu einer realen Bedrohung. Selbst bürgerliche Kreise scheinen überzeugt, dass die Sozialisierung ganzer Wirtschaftszweige auf der politischen Tagesordnung steht.

Um vor allem die radikalen Arbeiter- und Soldatenräte auszuschalten, gehen die Unternehmer auf die Gewerkschaften zu. Sie können an Gespräche anknüpfen, die man schon vor Monaten insgeheim geführt hat. Die Verhandlungen kreisten damals um die Frage, wie man nach dem Ende des Krieges Millionen Heimkehrer von der Front wieder in die Betriebe würde integrieren können. Die Arbeitgeber wollten von der Kriegswirtschaft geordnet zur Marktwirtschaft zurückkehren und möglichst die sozialpolitischen Zugeständnisse einkassieren, zu denen sie das »Gesetz über den vaterländischen Hilfsdienst« im Dezember 1916 genötigt hatte. Damals waren alle werktätigen Männer verpflichtet worden, in einem kriegswichtigen Betrieb zu arbeiten. Die Gewerkschaften hatten zugestimmt, weil im Gegenzug in jedem Unternehmen mit mehr als 50 Mitarbeitern Arbeiterausschüsse gebildet wurden.

Im Oktober 1918, nach dem Offenbarungseid der Obersten Heeresleitung, nehmen die Arbeitgeber den Gesprächsfaden wieder auf und kommen unter dem Druck der Revolution schnell zu einem Ergebnis: Am 15. November unterzeichnen 21 Arbeitgeberverbände unter Führung des Ruhrindustriellen Hugo Stinnes ein Abkommen mit sieben Gewerkschaften, vertreten durch den Funktionär Carl Legien. Eine lange Zeit unmögliche Allianz entsteht – und soll durch die sogenannte Zentralarbeitsgemeinschaft, ein dauerhaftes gemeinsames Gremium, verstetigt werden.

Den Gewerkschaften verschafft das Abkommen Lufthoheit über die Räte, die in der Revolution zur wichtigsten politischen Vertretung der Arbeiterschaft geworden sind. Die Gewerkschaften verteidigen so ihren Anspruch, deren alleinige anerkannte Interessenvertretung zu sein. Außerdem schreibt das Abkommen das uneingeschränkte Koalitionsrecht fest: Alle Arbeiter dürfen sich frei in gewerkschaftlichen Vereinigungen zusammenschließen. Als gleichgestellte Sozialpartner handeln die Gewerkschaften zudem die Lohn- und Arbeitsverhältnisse durch gesetzlich bindende Tarifverträge aus.

Aus den während des Krieges gebildeten Arbeiterausschüssen werden nun Betriebsräte. Schlichtungsausschüsse, paritätisch von Arbeitgebern und Arbeitnehmern besetzt, entscheiden strittige Lohn- und Arbeitsfragen. Auch sie sind schon während des Krieges entstanden; die Gewerkschaften haben dafür auf

PROMETHEUS DES POTTS
Unternehmer Hugo Stinnes schwebt wie ein dunkler Engel über Schloten und Fabrikhallen. Karikatur aus dem »Simplicissimus«, 1923

Streiks verzichtet. Ebenso bleiben die Ämter zur Arbeitsvermittlung bestehen, bekommen aber eine neue Aufgabe: Sie sollen die Massenarbeitslosigkeit eindämmen, die im Zuge der Demobilmachung entsteht. Das Abkommen garantiert den Soldaten die Rückkehr in die vor dem Krieg ausgeübte Beschäftigung. Und es schreibt den zuvor von der Revolutionsregierung proklamierten Achtstundentag bei vollem Lohnausgleich fest.

Die Gewerkschaften feiern das Abkommen: Viele ihrer jahrzehntealten Forderungen haben sie durchgesetzt. Doch die Unternehmer haben noch manch einen Trick in petto, um die Vereinbarungen zu unterlaufen. Das deutet schon die Klausel zur Einführung des Achtstundentages an: Er soll langfristig nur beibehalten werden, wenn er auch international zur Norm wird. Die Gewerkschaftsführer können die Tragweite dieses Vorbehalts nicht voraussehen. Als am 6. Februar 1919 die Nationalversammlung zusammentritt, um die Weimarer Republik zu konstituieren, glauben sie noch – wie auch die Sozialdemokraten –, die Gleichstellung der organisierten Arbeiterschaft ein für alle Mal erreicht zu haben.

Für die Arbeiter- und Soldatenräte ist in der parlamentarischen Demokratie kein Platz mehr. Durch das Stinnes-Legien-Abkommen werden sie faktisch entmachtet, noch bevor sie die radikale Demokratisierung der Wirtschaft, die Verstaatlichung von Schlüsselindustrien, hätten angehen können. Die sozialrevolutionären Räte sind, wenn man so will, der gemeinsame Gegner, auf den sich Gewerkschaften und Arbeitgeber haben einigen können – die einen, weil sie um ihren Einfluss fürchten, die anderen in Sorge um ihr Eigentum.

Der Erfolg scheint der Strategie der Gewerkschaften zunächst recht zu geben. In der Weimarer Republik wird der Sozialstaat ausgebaut, die Lage der Arbeiterschaft verbessert sich. Zwar lassen sich die durch den Krieg verursachten Entbehrungen nicht rückgängig machen, doch durch die gesetzliche Arbeitszeitverkürzung und die Abschaffung der Akkordarbeit entspannt sich die Situation etwas.

Schon bald entbrennt jedoch ein Kampf um die sozialen Errungenschaften der Revolution; und von Anfang an steht dabei der Achtstundentag im Zentrum. Die im Versailler Friedensvertrag festgelegten Reparationszahlungen drücken auf die Konjunktur und heizen die Inflation an. Politik und Wirtschaft diskutieren, wie man die Produktivität steigern könne. Die meisten Konzepte laufen auf eine Verlängerung der Arbeitszeit hinaus. Vor allem die Eisen- und Stahlindustrie macht Stimmung gegen den Achtstundentag – und bezieht sich auf die Klausel im Stinnes-Legien-Abkommen. Im internationalen Vergleich, so das Argument, sei die gesetzliche Arbeitszeit in Deutschland am kürzesten.

In der Krise nach der französischen Besetzung des Ruhrgebietes 1923 geben die Gewerkschaften ihren Widerstand auf, und die Schwerindustrie kehrt zu einem Arbeitstag von zwölf Stunden zurück. Dies bedeutet das Ende der Zentralarbeitsgemeinschaft und des Abkommens sowie die Rückkehr zu den Machtverhältnissen der Vorkriegszeit.

Der Verlust des Achtstundentages ist zum Symbol geworden für eine verfehlte Revolutionspolitik der Gewerkschaften und der Mehrheitssozialdemokraten. Er hat die Entfremdung der Arbeiter von ihren Organisationen verstärkt. Die Zähmung des kapitalistischen Systems, auf die Carl Legien und die Führer der freien Gewerkschaften gehofft hatten, ist den Revolutionären nicht gelungen. ■

IRMGARD STEINISCH *ist emeritierte Professorin für deutsche und amerikanische Geschichte an der York University in Toronto, Kanada*

Der Präsident

Er ist kein mitreißender Redner und kein beherzter Revolutionär. Und doch wird Friedrich Ebert zum Wegbereiter der Demokratie in Deutschland VON BERND BRAUN

Ein bekanntes Geschichtsmagazin eines Hamburger Verlages widmete sich im Jahr 2007 der Weimarer Republik. Unter der Überschrift »Drama und Magie der ersten deutschen Demokratie« zierten vier Köpfe den Titel: Marlene Dietrich neben Albert Einstein, darunter Paul von Hindenburg und Adolf Hitler. Ob die fesche Lola aus dem *Blauen Engel* und der Begründer der Relativitätstheorie wirklich Kunst und Wissenschaft der Weimarer Jahre personifizieren, sei dahingestellt. Mit Hindenburg und Hitler aber wurden aus verkaufsstrategischen Gründen *(Hitler sells)* die beiden größten Zerstörer der ersten deutschen Demokratie gezeigt. Dagegen fehlte der wichtigste demokratische Politiker der Republik: Friedrich Ebert.

Auch ein nicht abgedrucktes Bild sagt mehr als tausend Worte. Trotz aller Straßen, Schulen und Stiftungen, die den Namen Friedrich Eberts tragen, trotz seines festen Platzes in der deutschen Erinnerungskultur und der zahlreichen Biografien und Gesamtdarstellungen zum demokratischen Neuanfang von 1918 ist das Bild des ersten Reichspräsidenten in der öffentlichen Wahrnehmung eher blass und unscharf geblieben. Ebert gilt nicht als *das* Gesicht der Weimarer Republik; er ist zwar bekannt, aber nicht populär. Dafür gibt es mehrere Gründe. Weil ein privater Nachlass fehlt, wird der Mensch hinter dem Politiker kaum erkennbar. Hinzu kommen die Kürze seiner politischen Karriere und seine umstrittene Rolle während der Novemberrevolution.

Nach Eberts Tod fasste der ehemalige Reichskanzler Joseph Wirth (Zentrum) den außergewöhnlichen Lebenslauf seines badischen Landsmannes in die Worte: »Man hat es Friedrich Ebert, dem früheren ›Sattlergesellen‹, sicher nicht an der Wiege gesungen, daß er einst in seinem reifen Mannesalter erster Präsident der deutschen Republik werden und berufen sein würde, an verantwortungsvollster Stelle ein Sechzig-Millionen-Volk, das vier Jahre lang durch Hunger und Wirtschaftsnot einen Verzweiflungskampf gegen eine Welt von Feinden führen mußte und sich darin erschöpfte, wieder zu Ordnung und nationalem Aufstieg zurückzuführen.«

Zu Beginn des Ersten Weltkriegs ahnte niemand, dass dem Sozialdemokraten in naher Zukunft eine

HANDWERKER DER REVOLUTION Friedrich Ebert an seinem Schreibtisch im Weimarer Stadtschloss. Foto aus dem Februar 1919

Schlüsselrolle in der deutschen Geschichte zufallen würde. Erst in den letzten Kriegswochen beschleunigte sich Eberts Karriere entscheidend. Im September 1918 rückte er in das Rampenlicht der öffentlichen Wahrnehmung, um dort bis zu seinem frühen Tod im Februar 1925 zu bleiben.

Der 1871 als Sohn eines Schneidermeisters in der Heidelberger Altstadt geborene Friedrich Ebert war von Kindheit an mit sozialer Ungerechtigkeit konfrontiert. Eine Familie, die zu acht in einer Wohnung von 45 Quadratmetern lebte, konnte ihren Kindern keine Aufstiegsperspektive bieten. Bildung war im Kaiserreich ein den Eliten vorbehaltenes Privileg, was die Studentenschaft der Heidelberger Universität tagtäglich vorlebte. Dies prägte Ebert.

Nach Volksschule und Sattlerlehre begab er sich auf Gesellen-Wanderschaft, während der er sich 1889 der von Bismarck verfolgten Sozialdemokratie anschloss. Die Wanderschaft endete 1891 in Bremen, wo Ebert die folgenden 14 Jahre lebte, heiratete, mit seiner Frau Louise fünf Kinder bekam und sich vom einfachen Parteimitglied zum Führer der Bremer SPD und Abgeordneten der Bürgerschaft emporarbeitete. 1905 wurde er als bewährter Nachwuchsmann in den SPD-Parteivorstand gewählt und wechselte in die Berliner Zentrale, wo er neben dem 1906 berufenen Hermann Müller für die Geschäftsführung der Partei zuständig war.

In Berlin stand der Heidelberger lange im Schatten anderer Arbeiterführer wie des übermächtigen Parteipatriarchen August Bebel oder des Mannheimer Reichstagsabgeordneten Ludwig Frank, der sich die Kronprinzen-Rolle durch sein zu eigenwilliges Auftreten verscherzte und später im Weltkrieg als Soldat fiel. Nach dem Tode Bebels wurde Ebert 1913 zum zweiten Parteivorsitzenden neben Hugo Haase gewählt. Als der prominente Gegner der Burgfriedenpolitik während des Krieges zur USPD wechselte, blieb in Eberts Altersklasse nur noch ein namhafter Konkurrent übrig: der elegantere, eloquentere und erfahrenere Parlamentarier Philipp Scheidemann, der die SPD-Fraktion im Reichstag führte. Durchaus typisch für einen Charismatiker, unterschätzte Scheidemann die auf den ersten Blick wenig spektakulären Stärken Eberts: sein organisatorisches Talent, taktisches Geschick und strategisches Kalkül, gepaart mit einem ausgeprägten Machtinstinkt und der Fähigkeit, sich eine Hausmacht aufzubauen und zu sichern.

Anfang Oktober 1918 ergab sich für Ebert eine weitere Chance. Auf die Position des Reichskanzlers rückte Prinz Max von Baden. Mit Scheidemann, der Mitglied der neuen Regierung wurde, konnte der Prinz menschlich überhaupt nicht, mit seinem badischen Landsmann Ebert dafür umso besser. Für den Eintritt der Sozialdemokratie in das neue Kabinett hatte Ebert sich zuvor mit Verve eingesetzt. Vor allem der Bürgerkrieg in Russland stellte für ihn ein Horrorszenario dar, wie er Ende September gegenüber Fraktion und Parteiausschuss erklärte: »Wollen wir jetzt keine Verständigung mit den bürgerlichen Parteien und der Regierung, dann müssen wir die Dinge laufen lassen, dann greifen wir zur revolutionären Taktik, stellen uns auf die eigenen Füße und überlassen das Schicksal der Partei der Revolution. Wer die Dinge in Rußland erlebt hat, der kann im Interesse des Proletariats nicht wünschen, daß eine solche Entwicklung bei uns eintritt. Wir müssen uns im Gegenteil in die Bresche werfen, wir müssen sehen, ob wir genug Einfluß bekommen, unsere Forderungen durchzusetzen und, wenn es möglich ist, sie mit der Rettung des Landes zu verbinden, dann ist es unsere verdammte Pflicht und Schuldigkeit, das zu tun.«

Diese von Verantwortungsethos getragene Position, sich als Nothelfer »in die Bresche« zu werfen, fand im Partei- und Fraktionsvorstand die hauchdünne Mehrheit von einer Stimme; in den übrigen Gremien fiel die Zustimmung deutlicher aus. Mit Argumenten, aber auch mit der Drohung, sein Amt zur Verfügung zu stellen, konnte der Vorsitzende die Partei knapp hinter sich bringen.

Ebert und die große Mehrheit der SPD hätten sich im Herbst 1918 mit einer parlamentarischen Monarchie nach britischem Vorbild (allerdings ohne den Kaiser und den Kronprinzen) abfinden können. Sie wollten weder eine Revolution noch eine Republik. Die auch innerhalb der SPD lebhaft diskutierten Pläne einer Regentschaft oder Reichsverweserschaft zerschlugen sich letztlich an der Weigerung Wilhelms II., rechtzeitig abzudanken. Mit der Ausrufung der Republik durch Scheidemann am 9. November, die Ebert als voreilig und eigenmächtig kritisierte, war die Stellung der Sozialdemokratie zur Monarchie dann endgültig entschieden.

Der verzögerte Waffenstillstand und die verweigerte Abdankung des Kaisers heizten die Revolution an, die sich seit Anfang November 1918 unaufhaltsam auf Berlin zubewegte. In dieser Situation übertrug Max von Baden Ebert am 9. November das Reichskanzleramt. Mehrere Konsultationen unter vier Augen zwischen dem badischen Thronfolger und dem SPD-Vorsitzenden waren dieser in der Ver-

BRANDMEISTER
Ebert kommt ins Schwitzen:
Im ganzen Land lodert
der Aufruhr. Karikatur
aus den »Lustigen Blättern«,
1920

fassung nicht vorgesehenen Form des Kanzlerwechsels vorausgegangen. Mit der Bildung des Rates der Volksbeauftragten nur einen Tag später zeigte Ebert, dass er die Übergabe des Kanzleramtes nicht als legitim, sondern als aus der Not geboren interpretierte. Sein Vorgehen belegt auch, wie schnell er auf eine völlig veränderte politische Situation reagieren konnte. Die Bildung einer reinen Arbeiterregierung aus allen sozialistischen Parteien, die Scheidemann während der Ausrufung der Republik öffentlich angekündigt hatte, wollte Ebert ursprünglich nicht; er hätte die Fortführung des bisherigen Bündnisses mit der Zentrumspartei und den Linksliberalen bevorzugt. Doch er schaltete blitzschnell um und organisierte mit der USPD die Revolutionsregierung.

Keine Regierung in der deutschen Geschichte war bis heute mit derartigen Problemen konfrontiert wie die sechs Volksbeauftragten. Es ging um nicht weniger als die Bewältigung des verlorenen Weltkrieges und die politische Neuordnung Deutschlands, noch dazu unter ungeheurem Zeitdruck. Beide Aufgaben haben die Siegermächte nach dem Zweiten Weltkrieg den politischen Akteuren in Deutschland weitgehend abgenommen und ihnen eine mehrjährige Zwangspause auferlegt.

Sosehr die SPD die Überwindung des herrschenden politischen und ökonomischen Systems auch propagiert hatte: Als der Kollaps des Kaiserreiches im Herbst 1918 eintrat, hatte die Partei kein genuin sozialdemokratisches Konzept für die Zukunft. Ihre beiden Kernziele, die Etablierung einer Regentschaft oder Reichsverweserschaft (die mit dem 9. November obsolet geworden war) und die Wahl einer verfassunggebenden Nationalversammlung als Ausgangspunkt für eine parlamentarische Demokratie, knüpften an die bürgerliche Revolution von 1848/49 an. Diese Kernpunkte waren nicht originell, aber sie waren die einzigen, die mehrheitsfähig waren, und sie blieben ohne echte Alternative.

Es gab früher zahlreiche und es gibt auch heute noch einige Kritiker der Novemberrevolution, die in einem in Deutschland installierten Rätesystem ein mögliches basisdemokratisches Bollwerk gegen den Nationalsozialismus sehen wollen. Diese Kritiker vermögen aber nicht zu erklären, wie sich die Räte als progressives Gremium bei den bestehenden Mehrheiten, die sich bereits bei den Wahlen 1919 und vor allem 1920 abzeichneten, hätten behaupten wollen, es sei denn, man hätte ihnen den Charakter einer Avantgarde zugebilligt.

Seit dem Zusammenbruch der sozialistischen Staaten, vor allem der DDR, ist die Kritik an der Grundsatzentscheidung Eberts und der Sozialdemokratie zur Einführung der parlamentarischen Demokratie wesentlich leiser geworden. Dies gilt auch für den Vorwurf des nur ansatzweise durchgeführten Elitenaustausches nach 1918. Dabei wird oft übersehen, dass die SPD nicht über ein Reservoir ihr nahestehender Juristen, Universitätslehrer, Offiziere, Wirtschaftsführer oder Publizisten verfügte. Vergleicht man die Umbruchsituationen der Jahre 1918/19, 1933, 1945 und 1989/90, dann zeigt sich, dass der umfassendste Elitenaustausch in Deutschland von 1933 an unter der NS-Herrschaft vollzogen wurde, gefolgt von der sowjetischen Besatzungspolitik nach 1945. Diktaturen scheinen für Elitenwechsel prädestinierter zu sein als Demokratien. Die Zusammenarbeit Eberts mit den Eliten des Kaiserreiches kann man nicht als systembelastend einstufen, wenn man gleichzeitig Adenauers Kollaboration mit den NS-Eliten in der frühen Bundesrepublik als systemstabilisierend bewertet.

Machten Ebert und die SPD also während der Revolution keine Fehler? Gibt es nichts zu kritisieren? Doch. Wer keine exekutive Erfahrung mitbringt, wie die SPD als Systemopposition des Kaiserreiches, und wer unter extremem Zeitdruck handelt, trifft unweigerlich auch Fehlentscheidungen.

Der viel gescholtene Ebert-Groener-Pakt, der nach Ansicht mancher Kritiker dem preußischen Militarismus wieder Tür und Tor geöffnet hat, gehört nicht zu diesen Fehlentscheidungen. Jede Regierung muss sich auf Ordnungskräfte stützen. Am 10. November 1918 hatte General Wilhelm Groener die Loyalität der Obersten Heeresleitung gegen die Zusage angeboten, dass die Revolutionsregierung die bolschewistische Gefahr bekämpfen werde (die letztlich geringer war, als es die Protagonisten einschätzten). Wer als Regierungsmitglied ständig bedroht wurde und um sein Leben fürchten musste, neigte vermutlich dazu, die zugespitzte revolutionäre Situation in Berlin auf das gesamte Reich zu übertragen. Der Aufruf der Revolutionären Obleute, der USPD und der KPD zum Generalstreik am 9. Januar 1919 wünschte Ebert und Scheidemann »ins Zuchthaus, aufs Schafott«: »Gebraucht die Waffen gegen eure Todfeinde, die Ebert-Scheidemann!« War es nicht berechtigt, diese Drohung ernst zu nehmen und ihr militärisch zu begegnen?

Fatal war jedoch, dass die Regierung und vor allem Reichswehrminister Gustav Noske eine Demokratisierung der Streitkräfte auch nicht ansatzweise in Angriff nahmen. Dass dies ein Versäumnis war, offenbarte sich beim Kapp-Putsch im März 1920, als die Reichswehr sich neutral verhielt, während der Staatsstreich durch einen Generalstreik der Zivilgesellschaft vereitelt werden musste.

Wie heikel der Einsatz des Militärs war, zeigte sich während der Revolution immer wieder. Die Niederschlagung des »Spartakusaufstandes« oder die Auflösung der zweiten Münchner Räterepublik waren grundsätzlich legitim, aber die äußerst brutale Art und Weise beschädigte diese Legitimität und das Ansehen der jungen Republik nachhaltig, zumal es keine offizielle Distanzierung Eberts, der Reichsregierung oder der Nationalversammlung gab. Ein einziges öffentliches Wort des Bedauerns etwa über die Ermordung Karl Liebknechts und Rosa Luxemburgs hätte den auch heute noch agierenden Verschwörungstheoretikern den Boden entzogen. Die Forderung Eberts in einer Kabinettssitzung vom 7. Oktober 1919, es sei zu überlegen, ob man die sehr milden Urteile der Militärgerichtsbarkeit gegen die Mörder der beiden KPD-Führer nicht überprüfen und damit verschärfen lassen könne, reichte bei Weitem nicht aus, um der verbreiteten Empörung über diese Morde entgegenzuwirken. Die Vielzahl der im Frühjahr 1919 zu bewältigenden Probleme, in erster Linie der zum Rücktritt der Regierung Scheidemann führende Konflikt um die Annahme des allgemein als »Schandfrieden« deklarierten Versailler Vertrages, liefert eine – allerdings nicht hinreichende – Erklärung für dieses Schweigen.

Ein weiterer Kritikpunkt betrifft die unterbliebene Neuordnung der Wirtschaft. Die Bildung der Regierung Max von Baden hatte Ebert noch am 22. Oktober 1918 im Reichstag als »Systemwechsel von großer Tragweite« und »Geburtstag der deutschen Demokratie« gefeiert, aber gleichzeitig grundlegende Reformen auf dem ökonomischen Sektor angemahnt: »Wir Sozialdemokraten sind uns darüber klar, daß von wirklicher Demokratie und Volksbefreiung erst dann gesprochen werden kann, wenn die wirtschaftliche Ausbeutung beseitigt und die Klassengegensätze aufgehoben sind.« Diese Klarheit wurde allerdings nicht in Politik umgesetzt.

Als eine Art Politik-Ersatz wurde schon 1918 eine Sozialisierungskommission ins Leben gerufen, die bis 1923 tagte, deren Vorschläge aber ins Leere liefen. Dies ist ein Versäumnis aller Hauptbeteiligten, auch Eberts. Auch wenn die wirtschaftliche Situation infolge des Versailler Vertrages denkbar ungünstig für Experimente war, hätte die Vergesellschaftung einiger Schlüsselindustrien die Enttäuschung der sozialdemokratischen Anhänger- und Wählerschaft über die Ergebnisse der Revolution zumindest etwas abmildern können. Stattdessen musste die SPD bei den Reichstagswahlen im Juni 1920 die größte Niederlage ihrer Geschichte einstecken.

Durch die Novemberrevolution kam es zu einem Systemwechsel in Deutschland, von dem Ebert am 28. August 1919 – einen Monat nach Verabschiedung der Reichsverfassung – sagte, kein Land der Welt habe »in so weitgehendem Maße [...] die Demokratie verwirklicht«. Unter seiner Reichspräsidentschaft (und noch einige Jahre über seinen Tod 1925 hinaus) erwies sich die Weimarer Demokratie als erstaunlich vital und resistent, obwohl sie mit Krisen und Katastrophen konfrontiert wurde, von denen die Bundesrepublik bis heute fast vollständig verschont geblieben ist. Wenn man bereit ist, die Weimarer Republik nicht nur von ihrem Ende her zu denken, sondern als offene Situation, dann bestand die Chance, sie zu einer dauerhaften und stabilen Demokratie zu entwickeln. Heute sind sich die meisten Historiker darin einig, dass die Weimarer Republik bis zum 30. Januar 1933 hätte gerettet werden können.

Wer wie Friedrich Ebert von der nationalistischen Rechten als »Landesverräter« verleumdet wurde und von der extremen Linken und einigen ihrer publizistischen Nachbeter als »Arbeiterverräter« etikettiert wurde und wird, der kann in seinem politischen Leben nicht alles falsch gemacht haben. Ebert war weder ein Volkstribun noch eine schillernde Persönlichkeit; er war »kein Liebling des Volkes, kein Begeisternder und ein langsam Begeisterter«, charakterisierte ihn 1923 der Schriftsteller und Sprachmagier Joseph Roth. Aber Ebert war während der Novemberrevolution der wichtigste Weichensteller für eine parlamentarische Demokratie in Deutschland. Dies war, dies bleibt sein unbestreitbares Verdienst. ■

BERND BRAUN *ist stellv. Geschäftsführer der Stiftung Reichspräsident-Friedrich-Ebert-Gedenkstätte in Heidelberg*

WEITERLESEN
Walter Mühlhausen:
»Friedrich Ebert«
J.H.W. Dietz Verlag,
Bonn 2018

Wie Diebe in der Nacht

Bis zuletzt haben Deutschlands Fürsten
und Fürstlein auf dem Gottesgnadentum beharrt.
Jetzt implodiert ihre Herrschaft innerhalb weniger Tage,
und fast geräuschlos verschwindet
die Monarchie aus der deutschen Geschichte

VON BENEDIKT ERENZ

MÜNCHEN
Museumsstück: Thronsessel aus der Residenz des bayerischen Königs

ENDE DER MONARCHIE

Gegen Demokraten helfen nur Soldaten.« Das blieb während des 19. Jahrhunderts der Wahlspruch des Hauses Hohenzollern. In diesem Geist stand auch eine berüchtigte Ansprache des preußischen Königs und deutschen Kaisers Wilhelm II. zu einer Rekrutenvereidigung im November 1891 in Potsdam: »Bei den jetzigen sozialistischen Umtrieben kann es vorkommen, daß ich euch befehle, eure eignen Verwandten, Brüder, ja Eltern niederzuschießen – was ja Gott verhüten möge –, aber auch dann müßt ihr meine Befehle ohne Murren befolgen.«

Ob ihm da schon schwante, was kommen sollte? Am Ende wollte er tatsächlich Söhne auf ihre Eltern und Brüder auf ihre Geschwister schießen lassen, um seinen Thron zu retten. Wollte deutsche Städte bombardieren und Giftgas einsetzen lassen gegen die eigene Bevölkerung, so wie in unseren Tagen Saddam Hussein und Baschar al-Assad. Doch dazu kam es nicht mehr.

Das Ende der vielhundertjährigen Monarchien in Deutschland vollzog sich rasch und fast geräuschlos, *not with a bang but a whimper,* um die berühmte Zeile T. S. Eliots zu zitieren. Sie implodierten, sie fielen in sich zusammen, wie unverweste Leichname in Sarkophagen, die eine halbe Ewigkeit fest verschlossen gewesen waren, bei der ersten Berührung mit Luft und Licht.

Und doch erschien das Ende der Monarchie vielen Konservativen bis zuletzt als völlig undenkbar, hatte doch Gott selbst die Fürsten eingesetzt. Noch 1871 war das Deutsche Reich nicht als zentralistischer Nationalstaat gegründet worden, sondern als Fürstenbund. 22 Souveräne bildeten mit ihren Ländern und Ländchen Kaisers Deutschland; im Bundesrat hatten sie (zusammen mit den drei Freien Städten Hamburg, Bremen, Lübeck) Sitz und Stimme.

Der größte Einzelstaat, alle anderen dominierend, war das Königreich Preußen; es reichte von Tilsit bis Trier, von Kiel bis Breslau. Danach kamen das Königreich Bayern und die Königreiche Sachsen und Württemberg. Dann die Großherzogtümer, Baden zum Beispiel und Oldenburg, und diverse kleinere Herrschaften, bis hinunter zu den mitteldeutschen Operettenstaaten wie den Fürstentümern Reuß ältere und jüngere Linie, Schwarzburg-Rudolstadt und Schwarzburg-Sondershausen.

»Reuß, Greiz, Schleiz, Lobenstein / Jagt in ein Mausloch rein!«, hatten schon die Revolutionäre von 1848 gesungen. Seit damals, seit 1848, waren die Grundlagen eines modernen Deutschland gelegt, war ein freiheitliches Grundgesetz ausgearbeitet, eine Verfassung vom Nationalparlament in der Frankfurter Paulskirche beschlossen. »Dies ist die Zeit der Könige nicht mehr«, hatte der Jakobiner Hölderlin bereits 1799 gedichtet. Doch die Majestäten waren geblieben, die erste Deutsche Revolution hatte vor dem Thron noch haltgemacht.

Von Gottes Gnaden regierten sie ihre Staaten. Oft stand ihnen die Dynastie, »das Haus«, näher als das Land. Die Familienehre blieb das Höchste; geheiratet wurde ohnehin nur in engsten Kreisen, *seize quartiers* obligat: Eigenblutdoping mit oft fatalen Folgen. Zwar gab es fast überall zeitgemäß anmutende Verfassungen, doch die Macht der Landesparlamente und auch des Reichstags in Berlin blieb beschränkt. »Halbabsolutistischer Scheinkonstitutionalismus« nannte der Historiker Hans-Ulrich Wehler die deutschen Zustände jener Zeit.

Als Fürstenbund war das Reich auch in den Weltkrieg gezogen, mit neobarockem Hurra und mächtigem Appetit. Was wollte man nicht alles annektieren – von der Kanalküste bis nach St. Petersburg. Doch der Endsieg ließ auf sich warten. Der Feind erwies sich als zäh. Zwar hatte sich Russland nach der Oktoberrevolution dem deutschen Friedensdiktat von Brest-Litowsk im Frühjahr 1918 gebeugt, aber im Westen rückte ein neuer mächtiger Gegner vor: die Truppen der USA. Das Osmanische Reich, Deutschlands islamischer Alliierter, stand vor dem Zusammenbruch; Ende September 1918 kapitulierte das ebenfalls verbündete Bulgarien. Das Imperium der Habsburger geriet in Auflösung.

Auch die Deutschen sind längst kriegsmüde. Die Versorgung verschlechtert sich mit jedem Monat, die Menschen hungern; schon im Januar hat es Massenstreiks gegeben. An der Westfront, in den vom Krieg zu Mondlandschaften zerstoßenen Provinzen Nordfrankreichs und Flanderns, ist die letzte Offensive gescheitert. Jetzt droht die Invasion der Heimat.

Noch einmal – seit 1914 sind allein fürs deutsche Vaterland an die zwei Millionen Soldaten verreckt – geht Wilhelm II. auf Durchhaltetournee. Als Feldherr kann sich der 59-Jährige längst nicht mehr betrachten; schon zu Kriegsbeginn ist ihm die militärische Führung entglitten. Hinter der monarchischen Fassade des Reiches entscheiden die Generale, allen voran Paul von Hindenburg und Erich Ludendorff, die Oberste Heeresleitung in ihrem Hauptquartier, dem belgischen Kurort Spa.

Nichtsdestoweniger inszeniert sich Wilhelm als oberster Kriegsherr. In einem Auftritt vor Arbeitern der Krupp-Werke am 10. September 1918 in Essen redet er sich noch einmal in Rausch und Rage: Am

WILHELM II.
(1859–1941),
König von Preußen
und Deutscher
Kaiser, wittert
»Juden und
Freimaurer« hinter
der Revolution

BRAUNSCHWEIG
Im Schlossmuseum ist der Thronsaal des Herzogs nachgestellt. Das Schloss wurde zweimal komplett zerstört: in der Revolution von 1830 und im Zweiten Weltkrieg. 2007 rekonstruierte man den Bau in seiner äußeren Gestalt

Endsieg bestehe kein Zweifel. Aus der Menge erschallen Rufe: »Hunger!«, »Wann wird endlich Frieden?«. Der Kaiser hört sie nicht. »Jeder von uns bekommt von oben seine Aufgabe zugeteilt. Du an deinem Hammer, du an deiner Drehbank und ich auf meinem Throne!«, ruft er mit schnarrender Stimme. »Wir wollen kämpfen und durchhalten bis zum Letzten. Dazu helfe uns Gott. Und wer das will, der antworte mit Ja!«

Tatsächlich lautet die Antwort der Arbeiter Nein. Keine zwei Monate später sind sie auf der Straße, zu den Soldatenräten bilden sich überall Arbeiterräte. Die Revolution triumphiert.

Doch noch, den September und Oktober über, hält die Fassade. Am 3. Oktober hat die Reichsleitung in Berlin eine Note an US-Präsident Woodrow Wilson gesandt, man hofft auf einen Verständigungsfrieden. Die erste Antwort bleibt vage; spätestens die dritte am 23. Oktober fällt eindeutig aus: Frieden nur gegen Abdankung des Kaisers. »Der soll was erleben!«, ruft Wilhelm wutentbrannt.

Der neue von S. M. eingesetzte Reichskanzler, Max von Baden, will verhandeln. Badens Kronprinz aus dem Geschlecht der Zähringer, ebenso ehrgeizig wie neurasthenisch, ebenso selbstbewusst wie überfordert, versucht es allen recht zu machen: den Reichstagsfraktionen, der Obersten Heeresleitung in Spa, dem Kaiser. Prinz Max taumelt von Nervenkrise zu Nervenkrise, dazwischen zwingt ihn die Grippe danieder, die in jenen Herbsttagen grassiert und in Deutschland Zigtausende tötet.

Der Kaiser muss gehen, das dämmert Prinz Max. Der Frieden ist in Sicht. Der Frieden, das heißt die Kapitulation: Am 6. November fährt eine deutsche Delegation zu Waffenstillstandsverhandlungen nach Compiègne vor Paris; fünf Tage später wird das große Morden zu Ende sein.

Wilhelm seinerseits weiß, dass ihn seine Zugeständnisse an das Parlament nicht mehr retten können. Ihm bleibt nur die Armee. Sie muss ihn schützen. Zugleich wird die ganze Familie in die Pflicht genommen. Wenn er abtrete, dürfe der Kronprinz nicht bleiben, eine Regentschaft komme nicht infrage. Schon am Abend des 29. Oktober hat Wilhelm Potsdam verlassen, in Richtung Spa. Am Bahnhof drückt ihm die Kaiserin zum Abschied eine Rose in die Hand.

Aus Wien, vom Verbündeten, ist nichts mehr zu erwarten: Das Haus Habsburg versinkt im Nichts,

Kaiser Karl klammert sich verzweifelt an den Thron. Da fällt in Deutschland die erste Krone, im Herzen des Reiches, im Herzogtum Braunschweig.

Am Vormittag des 8. November wogt vor dem Stadtschloss eine riesige Menschenmenge, die Wache ist bereits verschwunden. Noch zögern die Demonstranten. Schließlich stürmt eine Abordnung des örtlichen Arbeiter- und Soldatenrats durchs hohe Portal in die Säle und überreicht dem Herzog die Papiere. Der junge Welfe, Schwiegersohn des Kaisers, braucht nur 20 Minuten Bedenkzeit. Dann unterzeichnet er: »Ich, Ernst August, Herzog von Braunschweig und Lüneburg, erkläre, daß ich für mich und meine Nachkommen auf den Thron verzichte und die Regierung in die Hände des Arbeiter- und Soldatenrates lege.« Vom Dach des Schlosses flattert die rote Fahne.

Zur selben Zeit trifft es die Wittelsbacher in München. König Ludwig III., der Rauschebart, ist nicht gerade ein Herkules an Geisteskraft und Fleiß. Gern gibt er den Familienvater, um eine liberal-rurale Attitüde nie verlegen. Doch statt sich der Realität zu stellen, verweigert er die Parlamentarisierung des Staates. Noch im Herbst 1918 hofft der 73-Jährige auf die Erfüllung bayerischer Großmachtträume.

Der geniale Führer der linken, der Unabhängigen Sozialdemokraten in Bayern, Kurt Eisner, sieht Anfang November seine große Chance gekommen. Er will beides: das Ende des Krieges und das Ende der Monarchie. Protestzüge wälzen sich durch München, Eisner agitiert die Soldaten in den Kasernen. Am späten Nachmittag des 7. November zieht die Menge wieder vor die Residenz; der König kommt gerade von einem kleinen Spaziergang im Englischen Garten zurück.

Man begibt sich zu Tisch, es gibt Hirschkalbsbraten mit Erbsen und Kartoffelnudeln, die Stimmung ist gedrückt. Von draußen dringt Lärm herein, den Prinzessinnen wird verboten, ans Fenster zu treten.

Ist auf die Schlosswache noch Verlass? Das Schicksal des Zaren und seiner Familie steht allen vor Augen. Die Minister melden sich und raten zur Flucht. Gegen 20 Uhr wird der Bahnhof von Revolutionären besetzt, auch das Telegrafenamt und erste Regierungsgebäude sind in der Hand von Eisners Leuten.

Kammerdiener suchen rasch das Nötigste zusammen. Wahrlich majestätisch, Arm in Arm, schreitet das Königspaar die Schlosstreppe hinab, dann geht es husch, husch zur Garage. Der Abend ist mild, in der Ferne knattern MGs. Willige Chauffeure werden aufgetrieben, die Wappen auf den Wagentüren zugepinselt, über die Kronen der königlichen Limousine stülpt man kurzerhand die grauen Handschuhe von Prinzessin Wiltrud. Geduckten Hauptes fahren die Flüchtlinge durch die Stadt, Richtung Rosenheim.

Nebel füllt die Dunkelheit, die Scheinwerfer sind abgeblendet. Auf halber Strecke kommt der Wagen des königlichen Paares vom Weg ab und bleibt in einer sumpfigen Wiese stecken. Ein Adjutant entdeckt Licht in der Nähe. Der Bauer rückt zwei Pferde raus. Schließlich schafft es der Wagen wieder auf die Straße und weiter bis nach Rosenheim. Hier wird getankt, und in der Morgenfrühe erreicht Ludwig das Ziel seiner Flucht, Schloss Wildenwart im Chiemgau. Von dort geht es gleich ins Berchtesgadener Land; doch als man hört, dass auch in Berchtesgaden ein Arbeiter- und Soldatenrat tagt, flieht der König weiter über die Grenze nach Österreich, ins Schlösschen Anif bei Salzburg.

Schon wird er verfolgt: Abgesandte aus München. Sie jagen in einem Wagen mit rotem Stander hinter dem König her, die Abdankungsurkunde im Gepäck. Denn ohne Abdankung, das weiß Eisner, kein Freistaat. Und so erfüllt sich am 12. November 1918 in Anif die Zeit der Wittelsbacher auf dem Throne.

Noch sanfter gelingt der Übergang zur Republik in Württemberg. Dort hat sich König Wilhelm II., just im Februar 1848 geboren, stets als liberaler Großbürger inszeniert und um modernen Schlag bemüht. Von einer Parlamentarisierung wollte aber auch er nie etwas wissen.

Bangend wartet er ab, was geschieht. Wie in München, so fluten in Stuttgart die Massen durch die Straßen. Am Nachmittag des 9. November, die Wache ist bereits entwaffnet, dringen Demonstranten ins Wilhelmspalais am Charlottenplatz ein. Der König interessiert sie nicht: Sie wollen aufs Dach, hissen die rote Fahne. Dann ziehen sie wieder ab.

Wilhelm wartet, nichts geschieht. Stuttgart feiert die Republik, niemand kümmert sich um ihn. Erleichtert und empört zugleich beschließt er, die Stadt sofort zu verlassen und sich mit seinen geliebten Spitzen und der Gemahlin in das Schlosskloster Bebenhausen nahe Tübingen zurückzuziehen.

Schon hat sich eine provisorische Regierung gebildet unter Führung des SPD-Mannes und bekannten Historikers Wilhelm Blos. Die rote Fahne auf der Residenz wird wieder eingezogen, die Revolution ist vorbei. Den König scheint man vergessen zu haben. Also wickelt sich Wilhelm selber ab, wie es Lothar Machtan in seiner Studie über das Ende der Monarchie in Deutschland, *Die Abdankung,* so treffend nennt. Aus eigener Initiative entbindet der König alle Beamten von ihrem Treueid auf ihn und unterzeich-

LUDWIG III.
(1845–1921),
König von Bayern,
unterzeichnet in
Österreich
seine Abdankung

WILHELM II.
(1848–1921),
König von
Württemberg,
wird von den
Revolutionären
zunächst
vergessen

SCHWERIN
Es war just ein Sozialist, der Architekt Georg Adolf Demmler, der im 19. Jahrhundert das neue Schweriner Schloss entwarf. Heute tagt hier der Landtag von Mecklenburg-Vorpommern; der Thronsaal ist geblieben

net schließlich ein Abdankungsmanifest. Erst am 30. November wird es veröffentlicht und findet, wie die Presse meldet, »überall freundliche Aufnahme«.

Von solcher Einsicht kann Prinz Max in Berlin nur träumen. Verzweifelt versucht der Kanzler, den Kaiser zum Aufgeben zu bewegen. Allen Beteiligten in der Hauptstadt ist klar, dass es ein Ende haben muss. Als Max, am Telefon seinen ganzen Mut zusammennehmend, Wilhelm in Spa die Ausweglosigkeit der royalen Situation schildert und ihm den Abgang nahelegt, ist die Antwort so erratisch, dass den Herrn Reichskanzler ein erneuter Nervenschock ereilt.

S. M. denkt nicht daran, abzutreten. Nicht »wegen der paar Hundert Juden oder 1000 Arbeitern«. Er droht, von Spa aus mit Truppen nach Berlin zu ziehen und die Stadt gut preußisch zusammenzuschießen. Auf dem Weg dorthin will er die rebellische Rheinprovinz, will er Aachen und Köln mit Giftgas niederzwingen. Und immer noch hofft er in seiner Villa La Fraineuse, wie später Adolf Hitler in seinem Berliner Bunker, auf »das Wunder des Hauses Brandenburg«, auf eine Wendung des Kriegsglücks in letzter Stunde. Mit den Briten soll es dann gegen die Bolschewisten in Russland gehen. Erst als man ihm klarmacht, dass er über keinen einzigen Mann mehr verfügt, implodiert Wilhelm: Abdankung als Deutscher Kaiser vielleicht … vielleicht ja. Als König von Preußen – niemals!

Max von Baden verliert die Geduld. Nachdem er den Morgen des 9. November lang versucht hat, Wilhelm in Spa ans Telefon zu bekommen, lässt er gegen Mittag kurzerhand über Wolffs Telegraphenbüro verkünden, der Kaiser habe abgedankt. Zugleich übernimmt SPD-Führer Friedrich Ebert die Regierung. Er zögert, die Monarchie ganz preiszugeben. Streiks haben begonnen, die Menschen sind auf der Straße. Um 14 Uhr öffnet Eberts Parteigenosse Philipp Scheidemann im Reichstag das Fenster und ruft die »Deutsche Republik« aus, wenige Stunden später Karl Liebknecht vom Stadtschloss aus die »Freie Sozialistische Republik Deutschland«.

So viel Republik war nie. Wilhelm kann es kaum fassen. Der »Schuft Max« habe das Reich den Bolschewisten ausgeliefert, schreibt er Gattin Auguste Viktoria in Potsdam. Natürlich sei alles von Moskau organisiert, »geschürt und geführt durch die Jüdischen Freimaurerlogen des Großorients in Paris und durch unsere von dort aus inspirierten Frankfurter und sonstigen Juden – mit ungeheuren Geldmitteln«. Und seine treuen Untertanen, die christlichen Deutschen? »Das deutsche Volk ist eine Schweinebande!«

Nachdem dies allerhöchst festgestellt ist, Bolschewisten, Juden und die Schweinebande von deutschem Volk entlarvt sind, gilt es, sich nach einem Asyl umzusehen. Noch am Abend besteigt der Kaiser den weiß-goldenen Hofzug Richtung Holland. Doch auf dem belgisch-niederländischen Grenzbahnhof von Eijsden ist erst einmal Endstation. Überall rotten sich übel gesinnte Holländer zusammen. Wilhelm ist unbehaglich zumute. Schließlich wird die Einreise erlaubt. Godard Graf van Aldenburg-Bentinck stellt sein Wasserkastell Amerongen bei Utrecht zur Verfügung. Hier wartet Wilhelm auf die Kaiserin. Doch mit Familiennachzug ist vorerst nicht zu rechnen, solange der Kaiser noch nicht umfassend abgedankt hat.

FRIEDRICH AUGUST III. (1865–1932), König von Sachsen, fordert gleich nach der Abdankung »400 Flaschen Wein aus der Schloßkelterei«

Da zeigt der Wettiner in Sachsen mehr Gelassenheit. Friedrich August III. gilt als jovial, beherrscht die Mundart und antwortet gern sarkastisch. Das Regieren ist seine Sache nicht, das erledigt wie in den meisten Reichen des Reiches der Beamtenapparat. Seit seine Gemahlin, die liberal gesinnte Luise von Österreich-Toskana, die Flucht ergriffen hat, zunächst an der Seite ihres Französischlehrers, später mit einem Komponisten liiert, lebt die hochkatholische Majestät allein. Wie der Kaiser liebt er das Militär, die Jagd und erhofft sich vom Krieg neuen Glanz für sein Haus. Mehr Mitsprache des Volkes lehnt er ab. Die Regierung in Dresden zeigt sich mit Friedrich August einig: Das allgemeine, gleiche Wahlrecht passe nicht »auf die Eigenart der sächsischen Verhältnisse«.

In den letzten Oktobertagen erreicht die Unruhe das Königreich. Auch in Dresden wird die Parlamentarisierung gefordert. Der 53-jährige Monarch indes geht auf die Fasanenjagd, jetzt ist die Saison. Wenige Tage darauf regieren überall im Land die Räte. Friedrich August, noch immer völlig unbeeindruckt, wird zur Flucht gedrängt. Durch die Hintertür verlässt er am 8. November die Dresdner Residenz und flüchtet per Auto, Ziel ist Schloss Moritzburg.

Es dunkelt schon. Versehentlich bleibt die Innenbeleuchtung des Wagens angeschaltet, jeder Passant kann erkennen, wer da vorbeifährt. Doch nichts geschieht. Die Dresdner ignorieren den flüchtenden Landesvater; es ist nichts als eine letzte Dienstfahrt.

Ob er ihn wirklich gesagt hat, als er ging oder später am Telefon, den berühmten Satz: »Dann macht doch eiern Drägg alleene!«, bleibt umstritten. Belegt indes ist eine erste Forderung nach Abfindung, die bald nach Friedrich Augusts Flucht in Dresden eintrifft: »400 Flaschen Wein aus der Schloßkelterei« mögen ihm unverzüglich ins preußisch-schlesische Sibyllenort nachgesandt werden, wo er sich niedergelassen hat.

Zuvor hat er, auf Schloss Guteborn bei Hoyerswerda, die Abdankung unterzeichnet. Es ist nichts als ein Wisch, ein Zettel mit seinem Namen und dem Satz: »Ich verzichte auf den Thron. Den 13. November 1918«. Wie die pampige Kündigung eines beleidigten Kontoristen.

Kaum aber beginnt das Ringen um die Entschädigung, erwacht Friedrich August zu neuer Kraft. Schließlich geht es nicht nur um Schlösser und Wälder, sondern auch um Dresdens unermessliche Kunstschätze. Um das Grüne Gewölbe und die Gemäldegalerie und die Porzellansammlung ... Noch im Winter 1918/19 hebt das große Feilschen an.

Zu diesem Zeitpunkt ist von Berlin aus dem Kaiser bereits mehr als eine halbe Million Mark Überbrückungsgeld für das Nötigste nach Holland überwiesen. Kein Jahr später werden 59 Eisenbahnwaggons mit Mobiliar und Preziosen aus den Hohenzollernschlössern folgen.

Auch die Kaiserin darf ausreisen, am 27. November 1918. Der alte SPD-Genosse Hermann Molkenbuhr begleitet sie und ihre vielköpfige Entourage einschließlich Kaiserteckel Topsy persönlich an die Grenze – nicht ohne Majestät indezenterweise daran zu erinnern, dass auch er, ein Weggefährte August Bebels, einst aus der Heimat vertrieben wurde, als Bismarck die Sozialdemokraten verfolgen ließ.

Am Tag darauf unterzeichnet Wilhelm in Amerongen die umfassende Abdankung, auf immer und ewig. Hollands Königin gewährt ihm Asyl.

Doch Wilhelm quält die Angst. Streichen nicht Entführer um das Kastell? Auftragskiller? Der Kaiser schläft nur noch mit einem Revolver im Nachttisch. Auch lässt er sich einen Vollbart stehen: Der soll verhindern helfen, dass ihm nachts im Schlaf ein Meuchelmörder die Kehle durchschneidet. Nach wie vor hofft er auf Rehabilitation, auf eine triumphale Rückkehr in sein Reich.

Davon haben auch viele Fürsten der kleinsten deutschen Staaten noch lange geträumt. Mit aller Macht stemmten sich selbst diese Zaunkönige gegen den Untergang. In Waldeck-Pyrmont weigert sich Fürst Friedrich, von sich aus abzutreten. Statt einer Abdankung gibt es hier nur eine Erklärung: »Im Auftrag des Arbeiter- und Soldatenrates von Kassel wird Fürst Friedrich von Waldeck und Pyrmont [...] vom heutigen Tage an als abgesetzt erklärt. Arolsen, den 13. November 1918, nachm. 4 Uhr. Kenntnis genommen: Friedrich«.

Der Fürst von Schwarzburg-Rudolstadt und Schwarzburg-Sondershausen hingegen verabschiedet sich höflich und in Würde von seinen Ländern: »Allen Unseren getreuen Untertanen und Dienern danken Wir für ihre langjährige Treue und Anhänglichkeit.« Und treu und anhänglich zeigen sich auch die Untertanen in Bückeburg: Als Fürst Adolf am 15. November die Abdankung unterzeichnet, geschieht das nur unter dem Druck »der politischen Ereignisse«, nicht aber auf Druck der »Leute«, wie er ausdrücklich festhält.

Sorge um Leib und Leben muss ohnehin keiner der Serenissimi tragen. Zäh kämpfen sie um ihren Besitz, um jede Mark und jeden Pfennig. So geht es am Ende nur um das, worum es am Ende immer geht: ums Geld. Da unterscheiden sich die gottgesalbten Herren nicht von ihren Lakaien.

Politisch spielten Deutschlands Fürsten nach ihrem Abgang durch die Tapetentür der Weltgeschichte keine Rolle mehr. Auf den ihnen üppig verbliebenen Landlustschlössern gaben sie sich Müßiggang und Depressionen hin, stritten sich mit der habgierigen Verwandtschaft, hackten Holz und führten ihre Hunde Gassi.

Hasserfüllt blickte mancher von ihnen auf das moderne Deutschland, die »Saurepublik« – und »die Juden«, die Wilhelm »vertilgt und ausgerottet« sehen wollte. Der Herzog von Sachsen-Meiningen propagierte die Deutschnationale Volkspartei, die Verbündete der NSDAP. Sein hoher Kollege, der Herzog von Sachsen-Coburg-Gotha, fühlte sich Hitlers »Bewegung« seit den Zwanzigerjahren verbunden: Carl Eduard wurde Mitglied der SA, der auch Kaisersohn August Wilhelm angehörte. Kaiserbruder Heinrich hatte bereits 1920 ein Programm entworfen, das, wie der Hohenzollern-Kenner John C. G. Röhl schreibt, »die Judenverfolgung der NS-Terrorherrschaft vorwegnahm«: Aberkennung der Bürgerrechte, Ghettoisierung, Eheverbote zur »Reinigung der arischen Rasse«, Vertreibung.

Hitler kamen die fürstlichen Glaubensbrüder im Kampf gegen Weimar gelegen. Nach der Machtübernahme 1933 allerdings wischte er sie zur Seite. Anders als die faschistischen Regime des Südens – Italien, Rumänien, auch Spanien –, wo die Monarchie systemkompatibel blieb, duldete der Führerstaat keinen royalen Rahmen mehr. Immerhin, zu Wilhelms Tod 1941 auf Schloss Doorn im wehrmachtbesetzten Holland kam der größte Kranz aus Berlin.

Geblieben sind die Gehäuse, die alten Residenzen. Sie dienen heute als Behörde, Universität, Museum. Und wo Kriege und Umbrüche sie zerstörten, wurden sie wieder aufgebaut. In Berlin zieht demnächst ein famoses Kulturinstitut in die barocke Platte des neuen Stadtschlosses, ein Museum für alles: das Humbug-Forum, wie die Berliner es schon jetzt nennen. Auch in Braunschweig, dem Ort der ersten Abdankung 1918, wurden 2007 die Fassaden der Residenz liebevoll rekonstruiert. Dahinter lädt ein Einkaufszentrum mit Rossmann, Saturn und Rewe zum preisbewussten Shopping ein. Hier ist der Kunde König. ∎

BENEDIKT ERENZ *ist Mitherausgeber von ZEIT Geschichte. Sein Text beruht auf einem Beitrag für die ZEIT (2/18)*

WEITERLESEN
Lothar Machtan:
»Die Abdankung.
Wie Deutschlands
gekrönte Häupter aus
der Geschichte
fielen« dtv,
München 2016

ZERRISSENE ZEITEN
Krieg. Revolution. Und dann?

Städtisches Museum Braunschweig

1916
1923
Vom Herzogtum zum Freistaat
BRAUNSCHWEIGS WEG
IN DIE DEMOKRATIE

4. Oktober 2018 bis
20. Januar 2019

Städtisches Museum Braunschweig | Haus am Löwenwall
Steintorwall 14 | 38100 Braunschweig
Öffnungszeiten: Di - So, Feiertage, 10:00 - 17:00 Uhr
E-Mail: staedtisches.museum@braunschweig.de
Tel. 0531 4704521 | www.braunschweig.de/museum

MANTEL UND UNIFORM
Mitglieder der im November 1918 gegründeten Volkswehr »Wache Stein« in Essen

Volkswehr oder alte Garde?

Im Herbst 1918 träumen die Revolutionäre von einem Ende des Militarismus. Doch die alte Heeresleitung widersetzt sich jeder Reform VON WOLFRAM WETTE

Soldaten spielten im deutschen Winter 1918/19 eine entscheidende Rolle, als Revolutionäre wie als Konterrevolutionäre. Matrosen der kaiserlichen Kriegsmarine waren es, die das Signal zur Revolution gaben. Offiziere wie Generalfeldmarschall Paul von Hindenburg und sein Adlatus General Erich Ludendorff dagegen verkörperten den alten Militarismus. In der Revolution prallten diese Gegensätze blutig aufeinander.

Am 10. November 1918, einen Tag bevor Matthias Erzberger im Auftrag der Reichsregierung in Compiègne das Waffenstillstandsabkommen mit Frankreich und England unterzeichnete, führte Friedrich Ebert, der Vorsitzende der Revolutionsregierung, ein Telefonat mit General Wilhelm Groener, dem Nachfolger Ludendorffs in der Obersten Heeresleitung (OHL). Was bei dieser Gelegenheit besprochen wurde, ist später als ein politisches »Bündnis« interpretiert worden. Tatsächlich beauftragte Ebert die OHL, die Rückführung der Fronttruppen in die Heimat zu organisieren. Die große Mehrheit der Soldaten hatte den verständlichen Wunsch, an Weihnachten wieder zu Hause sein. So ging die Demobilmachung schnell und unbürokratisch vonstatten, mal mit regulären Entlassungspapieren, mal ohne.

Was Eberts Auftrag an Groener politisch brisant machte, war das Zugeständnis an die Militärführung, die Befehlsbefugnis vollständig in der Hand der Offiziere zu belassen. Dadurch wurden die gewählten Soldatenräte in den Fronttruppen faktisch entmachtet. Die Entscheidung über die Kommandogewalt war weit mehr als die Regelung einer organisatorisch-technischen Angelegenheit. Sie festigte die ins Wanken geratene Macht der Offiziere und begünstigte deren Ambitionen, möglichst bald wieder als Machtfaktor in das politische Geschehen eingreifen zu können. Insoweit kann man tatsächlich von einem »Bündnis Ebert/Groener« sprechen.

Militärpolitisch blieb der Rat der Volksbeauftragten zunächst untätig. Die Revolutionsregierung glaubte an einen vollständigen Zusammenbruch des wilhelminischen Reiches und sah keine Notwendigkeit, die eigene Machtbasis militärisch abzusichern. Einen Monat später änderte sich dies: Am 12. Dezember verabschiedete die Regierung ein Gesetz zur Bildung einer Volkswehr. Seit den Gründungstagen der Sozialdemokratie vertrat die Partei die Forderung »Volkswehr anstelle des stehenden Heeres« – so stand es im Erfurter Programm von 1891. Der Dienst im Volksheer wurde als Pendant zum allgemeinen Wahlrecht begriffen. Es würde, so die Annahme, für Angriffskriege nicht missbraucht werden können, bei der Landesverteidigung aber unüberwindlich sein und damit eine friedensbewahrende Wirkung entfalten.

In dieser Denktradition stehend, begriff Ebert die Volkswehr als »militärisches Organ auf demokratischer Grundlage«. Die Freiwilligen sollten durch Handschlag auf Republik und Regierung verpflichtet werden. Ihre Aufgaben waren polizeiähnlich, lagen primär im Innern: Aufrechterhaltung der Sicherheit und Ordnung, der Lebensmittelversorgung und der Verbrechensbekämpfung. Ebert wollte ausdrücklich eine »Sicherheitswache gegen jede Konterrevolution«. Insbesondere richtete sich das Volkswehrgesetz gegen den neuerlichen, nach der erfolgreichen Rückführung der Truppen gewachsenen Herrschaftsanspruch der OHL.

Zugleich erwies Ebert aber auch den regulären Soldaten Respekt. Als die Gardetruppen am 10. Dezember 1918 nach Berlin heimkehrten, begrüßte der Reichskanzler sie mit den Worten: »Kein Feind hat euch überwunden. Erst als die Übermacht der Gegner an Menschen und Material immer drückender wurde, haben wir den Kampf aufgegeben. [...] Erhobenen Hauptes dürft ihr zurückkehren.« Wenn auch nicht gegen die Revolution gewendet, wiederholte Ebert damit sinngemäß die Legende, die deutsche Armee sei »im Felde unbesiegt« geblieben. Hindenburg und Ludendorff hatten die giftige Version vom Dolchstoß der Heimat gegen die kämpfende Front in die Welt gesetzt.

Revolutionären Elan entfaltete Mitte Dezember der Reichskongress der Arbeiter- und Soldatenräte in Berlin. Die Delegierten, meist Anhänger der Mehrheitssozial-

demokraten, beschlossen mit den »Hamburger Punkten« radikale Militärreformen: Die Volksbeauftragten sollten die Kommandogewalt über Heer und Marine ausüben, alle Rangabzeichen waren zu entfernen, das Waffentragen außer Dienst war verboten, der Kadavergehorsam sollte »als Symbol der Zertrümmerung des Militarismus« abgeschafft werden. Die Soldaten selbst sollten ihre militärischen Führer wählen, die Räte für die Zuverlässigkeit der Truppenteile verantwortlich sein.

Sowohl das Volkswehrgesetz als auch die Hamburger Punkte zeugten vom Willen der Revolutionäre, einen Neuanfang zu wagen, eine demokratische Militärpolitik. Sie wollten neue Formen, neues Personal, eine neue Gesinnung.

In Württemberg, Baden, Bayern und in einigen Städten des Reiches waren bereits im November Volkswehren gebildet worden, die durch das Volkswehrgesetz eine zusätzliche Legitimation erhielten. Die Regierung der Volksbeauftragten gab sich eine Zeit lang der Illusion hin, die alten militärischen Institutionen würden die Ausführung dieses Gesetzes zu ihrer eigenen Sache machen. Dabei standen die genannten Entscheidungen den Interessen der Obersten Heeresleitung sowie der Kaste der Berufsoffiziere diametral entgegen. Das preußische Kriegsministerium und die Oberste Heeresleitung boykottierten daher das Volkswehrgesetz und die Hamburger Punkte. Bereits im Dezember 1918, noch vor dem Auseinanderbrechen der Koalition aus MSPD und USPD, forderte die Militärführung ultimativ, die Soldatenräte müssten verschwinden und die volle Befehlsgewalt der Offiziere müsse wiederhergestellt werden. Dem Rat der Volksbeauftragten und dem Rätekongress sprach sie das Recht ab, so einschneidende Militärreformen zu verordnen.

Die Regierung machte keine Anstalten, sich über den Widerstand der Militärs hinwegzusetzen: Sie schob die Reformen erst einmal auf die lange Bank. Bei revolutionär eingestellten Truppenteilen wie der in Berlin stationierten Volksmarinedivision provozierte dieser Kurs, der statt der »Zertrümmerung« des Militarismus dessen Restauration zu begünstigen schien, scharfe Reaktionen bis hin zu Gewaltaktionen. Man sah die Errungenschaften der Revolution in Gefahr.

Im Januar 1919 kam es zu einem Generalstreik und zu schweren Unruhen in Berlin. Demonstranten – unter ihnen viele revolutionär eingestellte Soldaten – forderten den Rücktritt des Rates der Volksbeauftragten, der inzwischen nur noch aus Politikern der MSPD bestand. In dieser für die Regierung schwierigen Lage berief Ebert den Militärfachmann der Reichstagsfraktion, Gustav Noske, der die Revolution in Kiel in ruhiges Fahrwasser geleitet hatte, in die Regierung und betraute ihn mit dem Ressort »Heer und Marine«.

Noske interessierte sich weder für das Volkswehrgesetz noch für die Hamburger Punkte. Seine Politik war von dem Bestreben geleitet, Ordnung zu schaffen; wenn es sein musste, auch mit militärischer Gewalt. Noch in den Denkkategorien des Weltkrieges gefangen, begriffen Noske und andere Politiker der MSPD Ordnungspolitik nicht als Angelegenheit der Polizei, sondern als militärische Aufgabe. Den lokalen Volks- und Sicherheitswehren wie auch der Republikanischen Schutztruppe in Berlin – den republiktreuen Regimentern »Reichstag« und »Liebe« – begegnete Noske mit unverhohlenem Misstrauen. Er setzte auf die alten Militärs, auf die Professionalität der Offiziere und Unteroffiziere der Kaiserzeit, die nur darauf warteten, wieder gerufen zu werden. »Freiwillige vor!«, lautete die Parole – das war die Geburtsstunde der Freikorps, die im Auftrag der Regierung alle weiteren Proteste und Aufstände, die auf ein Weitertreiben der Revolution zielten, brutal zusammenschossen.

Drei Monate nach dem Volkswehrgesetz wurde am 6. März 1919 das Gesetz über die Vorläufige Reichswehr verabschiedet, das den Aufbau der Streitkräfte in die Hände des alten Militärs legte. Nur wenige Soldaten aus den Volkswehren wurden in die Reichswehr aufgenommen. ■

WOLFRAM WETTE *lehrte als Professor für Neueste Geschichte an der Universität Freiburg*

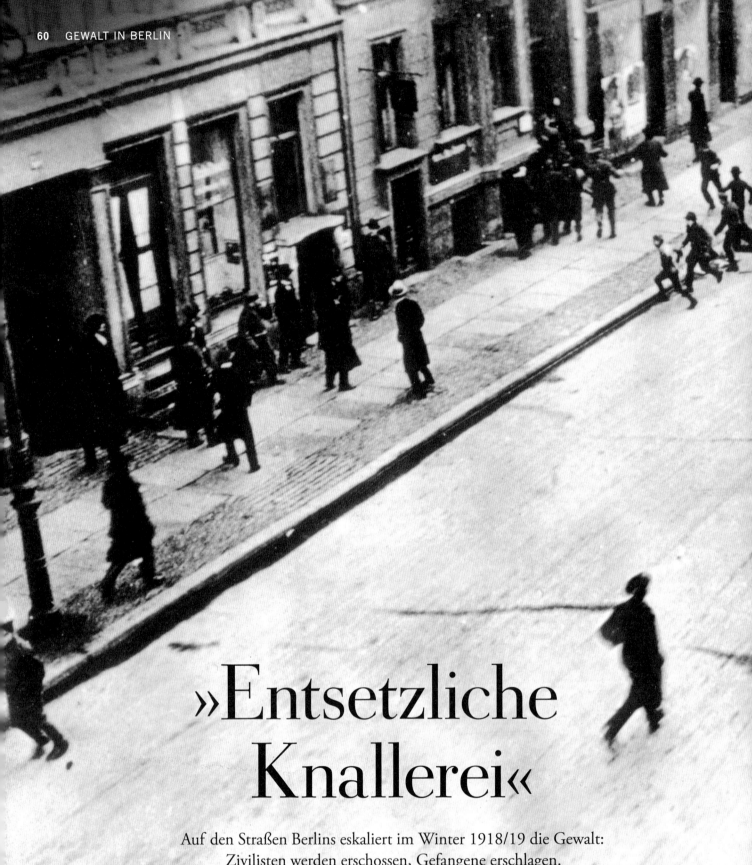

»Entsetzliche Knallerei«

Auf den Straßen Berlins eskaliert im Winter 1918/19 die Gewalt: Zivilisten werden erschossen, Gefangene erschlagen. Befeuert werden die Exzesse durch Gerüchte, Falschmeldungen und eine Regierung, die wild entschlossen ihre Macht demonstriert VON MARK JONES

DIE ANGST GEHT UM Anfang Januar 1919 besetzen bewaffnete Aufständische das Berliner Zeitungsviertel. Passanten bringen sich vor den Kämpfen in Sicherheit

Charlotte Nagel (17), Martha Komorowski (17), Erna Rehtanz (21), Helene Slovek (12). Frauen und Kinder, die der Revolution in Berlin zum Opfer fallen. Charlotte Nagel stirbt zusammen mit einem 60-jährigen Mann, als sie am 11. November 1918 auf dem Alexanderplatz in einen Schusswechsel gerät. Martha Komorowski hat ähnliches Pech: Sie fährt am 6. Dezember 1918 in einer Straßenbahn, als Soldaten das Feuer auf diese eröffnen. Zweieinhalb Wochen später kostet eine »verirrte Kugel« Erna Rehtanz das Leben; sie steht in Berlin-Mitte an einem Fenster. Das jüngste dieser Opfer, Helene Slovek, befindet sich am 12. März 1919 in der elterlichen Wohnung. Sie will die Anweisung eines Soldaten befolgen und ein Fenster schließen, als der Soldat das Gewehr hebt und schießt. Helene ist eines von mindestens sieben Mädchen, die zwischen dem 4. und 16. März 1919 in Berlin sterben – in der Woche mit den meisten Todesopfern in der jüngeren Geschichte Berlins vor dem Zweiten Weltkrieg.

Die Geburtsstunde der mörderischen Gewalt, die Deutschlands Geschichte in der ersten Hälfte des 20. Jahrhunderts prägt, schlägt in den Winter- und Frühjahrsmonaten 1918/19. Während der Revolution kommt es zu Gräueltaten, wie es sie bis dahin auf dem Boden des Deutschen Reiches und selbst im Ersten Weltkrieg nicht gegeben hat. Die brutalen Auswüchse staatlicher Gewalt werden zum bitteren Vermächtnis für die junge Republik. Sie sperren sich gegen die geläufige Gleichsetzung der Weimarer Demokratie mit dem guten, dem friedlichen Deutschland.

Die Schießerei am 11. November 1918, in der Charlotte Nagel ums Leben kommt, ist eine Panikreaktion. Revolutionäre Soldaten beginnen zu feuern, weil sie glauben, von Konterrevolutionären beschossen zu werden. Dieser Gewaltausbruch steht beispielhaft für die vielen vereinzelten Schusswechsel zwischen dem 3. und 11. November, die durch Nervosität und Angst ausgelöst werden. Das Muster zeigt sich erstmals in Kiel und wiederholt sich dann an anderen Orten.

Viele Aufständische glauben zu wissen, dass die Revolution eine gewaltsame Reaktion der Monarchisten heraufbeschwört. Gerüchte und Falschmeldungen verstärken diese Furcht. Eines der einflussreichsten Märchen besagt, königstreue Offiziere würden sich in Häusern und auf Dächern verstecken, um aus dem Hinterhalt gezielt auf Revolutionäre zu schießen. Diese Vorstellung löst oft panische Reaktionen aus. Ein Beobachter erklärt dies später so: »Jedermann weiß, wie schnell bei einem entsicherten Gewehr ein Schuß losgehen kann; geschieht dies, so nehmen die anderen Bewaffneten sofort an, es sei aus der Menge auf sie geschossen worden, und eine entsetzliche Knallerei setzt ein, ohne daß eine eigentliche Ursache dazu vorgelegen hätte.«

Am späten Nachmittag des 9. November 1918 kommt es zum ersten Ausbruch dieser Art von Gewalt in Berlin. Einem Gerücht zufolge verstecken sich konterrevolutionäre Offiziere in der Königlichen Oper, der Neuen Wache und im Stadtschloss. Es heißt, dass Offiziere mit Maschinengewehren feuern und ein konterrevolutionärer Scharfschütze in der Kuppel des Doms lauert. Allerdings kann keiner der Übeltäter aufgespürt werden, und nachdem die Revolutionäre die »strenge Anweisung« erhalten haben, das Feuer einzustellen, beruhigt sich die Lage wieder.

Der November 1918 ist nicht der November 1989; es gibt keine »friedliche Revolution«. Mindestens 60 Menschen verlieren ihr Leben, davon allein 15 in Berlin. Und die Schießereien versetzen die Bevölkerung in Angst und Schrecken. Selbst Anhänger der Revolution reagieren besorgt auf den Zusammenbruch der öffentlichen Ordnung. Auch wenn die Zahl der Opfer im Vergleich zu den Millionen Toten des Weltkriegs verblasst, markiert die Gewalt doch einen historischen Wendepunkt: Seit 1848 hat die Staatsführung keinen solchen Kontrollverlust hinnehmen müssen. Viele Zeitgenossen befürchten, dass es bald zu noch viel schlimmeren Gewalttaten kommen werde.

Kaum einen Monat später nimmt die Angst vor einem Bürgerkrieg fieberhafte Züge an. Am 6. Dezember 1918 blockieren Soldaten zwischen 17 und 18 Uhr die Kreuzung Chausseestraße/Invalidenstraße. Unter den Augen Hunderter neugieriger Passanten ziehen sie eine Kette über die Kreuzung und errichten eine MG-Stellung. Die Soldaten stellen sich einem Demonstrationszug von Spartakisten entgegen, der von Norden in Richtung Berlin-Mitte marschiert.

Die 17-jährige Auszubildende Martha Komorowski sitzt in der Straßenbahn 32, als diese die Kreuzung erreicht. Plötzlich fallen Schüsse. Zivilisten springen in Schaufensterscheiben, um den Kugeln zu entgehen. Komorowski wird in der Straßenbahn getroffen. Ein anderer Passagier erinnert sich, dass die Bahn abrupt stehen bleibt, als sie von Kugeln durchsiebt wird. Ein Soldat wird getötet, eine Frau hinter ihm schwer verletzt; er ist mit ihrem Blut bedeckt. Die entsetzliche Wirkung des Maschinengewehrs hat eine normale Kreuzung in ein Schlachtfeld verwandelt. Zahlreiche Opfer liegen auf dem Boden; 18 Menschen werden getötet, weitere 80 verletzt, davon zwölf schwer.

Zur selben Zeit versuchen Soldaten, den »Vollzugsrat des Arbeiter- und Soldatenrates Groß-Berlin« festzusetzen und Friedrich Ebert die alleinige Exekutivgewalt zu übertragen. Karl Liebknecht und Rosa

»BLUTHUND«
DER REGIERUNG
Gustav Noske befiehlt die Niederschlagung der linken Rebellion und stellt den Truppen einen Freifahrtschein aus

UMKÄMPFTES BERLIN

Von November 1918 bis April 1919 hält die Revolution die Hauptstadt in Atem. Die Karte zeigt die wichtigsten Orte des Umsturzes und der blutigen Unruhen, die folgen

Luxemburg behaupten, die Verschwörer hätten das Blutbad geplant, um ihren Putsch zu flankieren. Die anderen Parteien geben dagegen den Spartakisten die Schuld: Das MG-Feuer habe erst eingesetzt, nachdem die Spartakisten erklärt hätten, sie würden »Ebert an die nächste Laterne hängen«, und nachdem sie zuerst auf die Soldaten geschossen hätten.

Als Reaktion auf das Massaker ziehen Liebknecht und seine Anhänger am 7. Dezember mit Maschinengewehren durch die Siegesallee. Der Aufzug verbreitet Angst und Schrecken. Voller Furcht, die Spartakisten könnten die Macht übernehmen, schmieden Angehörige der Revolutionsregierung Notfallpläne, wie sie Berlin jederzeit verlassen könnten. Ein Gerücht besagt, Liebknecht führe eine Geheimarmee von bis zu 100.000 Mann. Die Angst, Deutschland könne wie Russland in Bolschewismus und Bürgerkrieg abgleiten, nähert sich ihrem Höhepunkt.

Vor diesem Hintergrund kommt es zum Tod von Erna Rehtanz. Sie steht am Morgen des 24. Dezember in der vierten Etage eines Bürogebäudes. Die Kugel, die sie tötet, wird aus mehr als zwei Kilometern Entfernung abgefeuert, in einem Gefecht, das als »Blutweihnacht« von 1918 in die Geschichte eingehen wird.

Unter dem Befehl des Berliner Militärgouverneurs Arnold Lequis versuchen Soldaten der Garde-Kavallerie-Schützen-Division, Stadtschloss und Marstall im Sturmangriff zu nehmen, um die dort verschanzten aufständischen Matrosen der Volksmarinedivision zu entwaffnen. Die Matrosen haben den Aufstand geprobt, nachdem der Rat der Volksbeauftragten die Marinedivision verkleinern wollte und Soldzahlungen verweigert hatte. Daraufhin haben wütende Matrosen am 23. Dezember versucht, die Reichskanzlei abzuriegeln und die Regierung festzusetzen; außerdem haben sie den Stadtkommandanten Otto Wels (SPD) in Geiselhaft genommen. Vor der Oper ist es zu einer Schießerei gekommen, bei der zwei Marinesoldaten getötet wurden. Nach diesen Vorfällen hat die Regierung die Garde-Kavallerie-Schützen-Division in der Nacht auf Heiligabend eilig nach Berlin-Mitte beordert. Anders als bisher hat Friedrich Ebert den Einsatz von Gewalt zur Herstellung der Ordnung nicht mehr verweigert. Zum ersten Mal darf die Oberste Heeresleitung militärisch gegen Aufständische losschlagen.

Der Angriff der renommierten Gardedivision beginnt am 24. Dezember um acht Uhr morgens. Er verwandelt das östliche Ende des Boulevards Unter den Linden in ein Kriegsgebiet. Die Matrosen ver-

DEZEMBER 1918

BELAGERTE MATROSEN Soldaten der Volksmarinedivision verteidigen mit Maschinengewehren das Berliner Stadtschloss (rechts). Am Morgen des 24. Dezember beschießen Truppen der Regierung das Schloss mit Artillerie. Ihr Angriff verursacht schwere Schäden (links)

teidigen ihre Stellungen in Schloss und Marstall (ihre Quartiere seit Mitte November), während die Gardesoldaten sie vom Zeughaus, vom Lustgarten und von der Neuen Wache aus angreifen. Sturmtruppen rennen über den Domplatz, das Reiterstandbild Friedrichs des Großen wird von Kugeln durchsiebt, der Schlossplatz verwüstet.

Gegen Mittag ist der Angriff beendet. Nur wenige Tage nachdem Ebert den heimkehrenden Frontsoldaten bescheinigt hat, kein Feind habe sie überwunden, ergibt sich die Gardedivision einer Gruppe rebellierender Matrosen. Gedemütigt marschieren die Gardesoldaten am Nachmittag aus der Stadt. Hauptmann Waldemar Pabst, der später die Ermordung Rosa Luxemburgs und Karl Liebknechts befehlen wird, bezeichnet diesen Moment als den schlimmsten seiner militärischen Karriere. General Lequis macht Frauen und Kinder für das Scheitern verantwortlich: Sie hätten die militärische Operation gestört. Er verbreitet den gefährlichen Mythos, dass die Weigerung, auf Zivilisten zu schießen, zum militärischen Desaster geführt habe. Nur Tage später wird Lequis entlassen.

Für viele Beobachter ist mit dem Weihnachtsgefecht der Tiefpunkt der Revolution erreicht. Das Gerücht geht um, Hunderte von Menschen seien getötet worden – nicht ungewöhnlich für eine Massenpanik, die ausbricht, wenn Gewalt in die zivile Welt eindringt. Tatsächlich waren es eher zehn Opfer. Tatsachen aber zählen nicht. Man munkelt, die Gewaltherrschaft von Luxemburg und Liebknecht habe bereits begonnen. In Wirklichkeit verfügen die Spartakisten nicht über genügend Anhänger für einen Putsch. Am 29. Dezember 1918 versammeln beide Seiten ihre Unterstützer auf der Straße: Berlin-Mitte wird zur Bühne für ein Plebiszit der Massen über die Zukunft Deutschlands.

Der Rat der Volksbeauftragten ist diesem Druck nicht länger gewachsen. Die Unabhängigen Sozialdemokraten Hugo Haase, Wilhelm Dittmann und Emil Barth – aus den eigenen Reihen des Verrats an den Idealen der USPD beschuldigt – verlassen die Regierung. Ihre Plätze nehmen die SPD-Hardliner Gustav Noske und Rudolf Wissel ein. Die großen antispartakistischen Demonstrationen am 29. Dezember ermutigen die Falken in der SPD; diese fordern die Regierung auf, gewaltsam für Ordnung zu sorgen. Tausende jubeln am Moltke-Denkmal Bernhard Dernburg zu, einem der Gründer der liberalen Deutschen Demokratischen Partei, als dieser ausruft: »Wir dürfen es nicht länger dulden, daß von 2000 Spartakisten ganz Berlin terrorisiert wird, und wir müssen aufs dringendste von der Regierung verlangen, daß sie ihre Machtmittel gebraucht und nicht, wie bisher, unbenutzt an der Wand hängen läßt. Kann sie das nicht, so ziehen wir alle noch einmal gern den feldgrauen Rock an, um die Ordnung und Ruhe herzustellen.«

Am 5. Januar 1919 kann Eberts Regierung beweisen, dass sie zu einer solchen Machtdemonstration in der Lage ist. An diesem Tag beginnt der Januaraufstand mit unerwartet großen Demonstrationen zur Unterstützung des abgesetzten Berliner Polizeichefs Emil Eichhorn von der USPD. Für die radikalen Sozialisten, die entschlossen sind, nach russischem Vorbild die Macht zu ergreifen, scheint die Stunde gekommen. Am späten Abend des 5. Januar besetzen bewaffnete Arbeiter verschiedene Pressehäuser im Berliner Zeitungsviertel. In dieser Nacht erklärt eine Koalition radikaler Gruppen in Berlin, zu der Karl Liebknecht gehört, den 6. Januar zum ersten Tag eines Arbeiteraufstands. Er wird keine Woche dauern.

Eine der meistgelesenen Darstellungen des Aufstands – Sebastian Haffners *Die verratene Revolution* – führt in bemerkenswerter Weise in die Irre, wenn es um die folgenden Ereignisse geht. Haffner sieht den 6. Januar 1919 als echte Chance für die Arbeiter, an die Macht zu kommen, und gibt ihren radikalen Führern die Schuld am Scheitern einer zweiten Revolution. Was diese Darstellung übersieht, ist die Tatsache, dass die Radikalen am 6. Januar nicht allein auf der Straße sind: Tausende Unterstützer der Regierung blockieren die Wilhelmstraße und verlangen nach Waffen, um die Regierung zu schützen. Während es dieser gelingt, ihre Anhänger zu mobilisieren, bröckelt die Unterstützung für die Radikalen. Rosa Luxemburgs tägliche Artikel

JANUAR 1919

SCHLACHT UM DAS PRESSEVIERTEL

Linksrevolutionäre Arbeiter stürmen am 5. Januar die Redaktionen der großen Zeitungen, rechts ihr Anmarsch am Dönhoffplatz. Sie bringen wichtige Achsen wie die Lindenstraße (unten rechts) unter ihre Kontrolle und verschanzen sich hinter Papierrollen (unten links am Mosse-Haus). Am 11. Januar erobern regierungstreue Soldaten das Zeitungsviertel zurück. Ein paar Tage später haben sie in der Mitte Berlins wieder die Oberhand (links)

in der *Roten Fahne,* in denen sie die Arbeiter dazu aufruft, sich dem Kampf anzuschließen, bleiben wirkungslos. Wie ein Staatsanwalt einige Wochen später notiert, »verschwand ›der Arbeiter‹ [...] in dem Augenblick, als die Demonstration sich in Putsch und bewaffneten Aufruhr verwandelte«.

Während Luxemburg mit Worten kämpft, kommt es in Berlin-Mitte zwischen dem 6. und 11. Januar zu Straßenschlachten, Schießereien und Scharmützeln zwischen Aufständischen und regierungstreuen Soldaten. Am 8. Januar sind bereits 30 Menschen tot; am Ende liegt der Blutzoll bei rund 200 Opfern, darunter viele Aufständische, aber auch unschuldige Zivilisten. Zu den Toten gehören Hermine Seidel (16), Sonne Waldow von Wahl (20), Marie Freystadt (20) und Ella Wiesener (26). Diese Frauen haben – im Unterschied zu Liebknecht und Luxemburg, die am 15. Januar von Soldaten der Garde-Kavallerie-Schützen-Division ermordet werden – in der kollektiven Erinnerung an die Revolution von 1918/19 keinen Platz.

Wohl gibt es Versuche, zu verhandeln. Doch die Mehrheitssozialdemokraten entscheiden sich für eine Demonstration der Staatsmacht. Wie so viele Gründer neuer Staaten setzen sie auf Gewalt, um eine Botschaft zu senden: Wir werden vor nichts zurückschrecken und jeden besiegen, der unsere rechtmäßige Herrschaft bedroht. Am 8. Januar, mitten im Aufstand, verkündet die Regierung: »Gewalt kann nur mit Gewalt bekämpft werden. Die Stunde der Abrechnung naht.« Gustav Noske erhält die Vollmacht, den Aufstand niederzuschlagen. In seinem 1920 veröffentlichten Buch *Von Kiel bis Kapp* schreibt er den berühmtberüchtigten Satz, den er an Eberts Schreibtisch gesagt haben will: »Meinetwegen. Einer muss der Bluthund werden, ich scheue die Verantwortung nicht.«

Die Stunde der Abrechnung kommt am 11. Januar in der Hochburg des Aufstands, dem besetzten Gebäude der SPD-Parteizeitung *Vorwärts* in der Lindenstraße. Statt das Haus abzuriegeln und darauf zu warten, dass sich die Aufständischen ergeben, starten die Regierungstruppen einen spektakulären Angriff. Sie beschießen das Gebäude mit Artillerie, dann jagen Sturmsoldaten über den Belle-Alliance-Platz, den heutigen Mehringplatz. Wie schon beim Einsatz am 24. Dezember wählen die Belagerer mitten in Berlin eine an der Westfront erprobte Taktik.

In der ersten Angriffswelle sterben fünf Regierungssoldaten. Die Truppen führen ihre Verluste auf ein Maschinengewehr zurück, das angeblich von Rosa Luxemburg bedient wird; schon Tage zuvor kursiert dieser Irrglaube als Gerücht. Als den Soldaten die ersten Gefangenen in die Hände fallen – darunter eine Gruppe von Aufständischen, die über eine Kapitulation verhandeln wollte –, bringen sie die Männer in die Garde-Dragoner-Kaserne (das heutige Finanzamt von Berlin-Kreuzberg) und erschlagen sie brutal. Eines der Opfer ist Wolfgang Fernbach, ein 30-jähriger zweifacher Vater, ein deutscher Jude. Für dieses Verbrechen wird nie jemand zur Rechenschaft gezogen.

Mit den Morden ist ein Tabu gebrochen. Zum ersten Mal werden in der Revolution von 1918/19 Gefangene getötet. Statt diese Verbrechen zu verurteilen und die Täter zu bestrafen, verteidigt die Regierung das Verhalten der Soldaten und macht die Spartakisten für alle Gewalt, egal von welcher Seite, verantwortlich. Für Ebert und Noske hat der Angriff seinen Zweck erfüllt: Er hat demonstriert, dass man entschlossen ist, die eigene Macht zu verteidigen und »russische Zustände« in Deutschland zu verhindern. Für weite Teile der Adressaten dieser Gewaltbotschaft ist es beruhigend zu wissen, dass die Regierung, wie der *Vorwärts* formuliert, über »noch viel mehr Maschinengewehre als Liebknecht« verfügt.

Umstritten bleibt, welche Rolle der *Vorwärts*-Chefredakteur Friedrich Stampfer spielte, nach dem heute die Straße vor der SPD-Parteizentrale benannt ist. Im Dezember 1918 hat sich Stampfer mit seinen Leitartikeln bei Teilen der radikalen Linken unbeliebt gemacht. Am 11. Januar begleitet er die Soldaten bei ihrem Angriff auf den Verlagssitz. Später beschreibt er, dass er Leichen – darunter eine, die er als russisch aussehend empfand – in den Trümmern entdeckt habe. In der Dragoner-Kaserne wird er Zeuge, wie eine

MÄRZ 1919

BÜRGERKRIEG IN LICHTENBERG
Am 4. März ruft die Vollversammlung der Berliner Räte den Generalstreik aus. Es kommt zu Unruhen, ein Aufstand beginnt. Die Regierung schickt Soldaten, um ihn niederzuschlagen (rechts). Panzer zerstören Barrikaden (unten rechts), Verletzte müssen versorgt werden (unten links), jeder Versuch der Vermittlung scheitert (links). Bis Ende des Monats sterben mehr als 1200 Menschen

Gruppe von Soldaten sich anschickt, eine Gefangene zu exekutieren. Er schreitet ein und fordert, keine weiteren Gefangenen zu töten. Öffentlich aber weigert er sich, die Verbrechen zu bezeugen.

An eine Beruhigung der Lage ist im Frühjahr 1919 nicht zu denken. Am 3. März treten die Berliner Arbeiter in Streik. Gustav Noske ruft den Notstand aus und ordnet die militärische Besetzung der Hauptstadt an. Für Noske bietet sich eine weitere Gelegenheit, die Macht des Staates zu demonstrieren.

Der Streik eskaliert rasch zu einem Aufstand. Die ersten Schüsse fallen in der Nähe des Alexanderplatzes, auf dem randaliert und geplündert wird. In der Nacht auf den 6. März werden aus den Scharmützeln Häuserkämpfe und Straßenschlachten. Spätere Deutungen bleiben widersprüchlich, wenn es darum geht, den Ausbruch der Gewalt zu erklären. Regierungsanhänger sehen die Kämpfe als ersten Akt eines geplanten Aufstands. Für die Streikführer, so auch für den Leiter der Revolutionären Obleute Richard Müller, sind sie das Werk von Provokateuren.

Ob geplant oder nicht: Was sich in der Folge in Berlin ereignet, ist eine offene Rebellion. Bewaffnete Arbeiter versuchen in Polizeireviere einzubrechen, um Waffen zu erbeuten. Nachdem sie am Alexanderplatz besiegt worden sind, ziehen sich die Rebellen in den Osten der Stadt zurück, wo heftige Kämpfe zwischen Spree und Großer Frankfurter Straße sowie um die Warschauer Brücke und den Schlesischen Bahnhof (heute Ostbahnhof) entbrennen. Auch auf der Landsberger Allee errichten die Aufständischen Barrikaden. Die Soldaten, die sie verfolgen, feuern mit Artillerie – zunächst mit 12-, dann mit 7,5-Zentimeter-Granaten. Auf dem Boden setzen die Regierungstruppen Maschinengewehre, Flammenwerfer und Mörser ein, aus der Luft werden Bomben abgeworfen und Häuserblocks beschossen. In diesen Märztagen der Revolution kommt es zu den ersten Opfern von Luftangriffen in der Geschichte der deutschen Hauptstadt.

Der Propagandakrieg tobt nicht weniger heftig. Am 9. März erreicht er seinen Höhepunkt, als die *B.Z. am Mittag*, die *Bild* des Jahres 1919, vermeldet, die Aufständischen hätten in Lichtenberg 60 Polizisten brutal ermordet. In Umlauf gebracht hat diese Nachricht die Kommunikationsstelle der Garde-Division. Sie ist frei erfunden. Aber so wie heute Fake-News das Vertrauen in die Wahrheit erschüttern und dem Populismus Nahrung geben, so zählt die Wahrheit auch im März 1919 nicht viel. Die Gräuelmeldung enthemmt die Regierungstruppen weiter, Forderungen nach Rache werden laut. Noske kann sich breiter Unterstützung sicher sein, als er verkündet: »Die Grausamkeit und Bestialität der gegen uns kämpfenden Spartakisten zwingen mich zu folgendem Befehl: Jede Person, die mit der Waffe in der Hand gegen Regierungstruppen kämpfend angetroffen wird, ist sofort zu erschießen.« Binnen drei bis vier Tagen werden mindestens 177, womöglich mehr als 200 Menschen exekutiert.

Der Befehl legitimiert eine Serie von Gräueltaten. Im Hof des Moabiter Gefängnisses erschlagen Soldaten zwei russische Kriegsgefangene, nur Stunden nachdem sie von Noskes Proklamation erfahren haben. Weitere 29 Männer werden hingerichtet, nachdem man sie in den Innenhof eines Gebäudes in der Französischen Straße gelockt hat. In der Nacht kommt es zu wahllosen Erschießungen auf der Schillingbrücke, die Täter werfen die Leichen ihrer Opfer in die Spree. Anderswo in Ostberlin werden Kinder in Wohnungen erschossen, weil sie unter Verdacht stehen, sich am Aufstand beteiligt zu haben.

Trotz solcher Gewaltexzesse ist sich der sozialdemokratische *Vorwärts* seiner moralischen Urteilskraft sicher: Er beschreibt die Toten als »Typen, wie man sie in den Reihen des auf Verelendung aufbauenden Spartakusbundes nur zu häufig findet. Noch im Tode steht ihnen Wut, Hass und Verzweiflung auf den Gesichtern geschrieben.«

Eine der so abqualifizierten Personen ist die zwölfjährige Schülerin Helene Slovek. Sie steht am Fenster einer Wohnung im dritten Stock eines Mietshauses in der Langen Straße, als ein Soldat von unten heraufruft: »Straße frei, Fenster zu!« Sie versucht den Fensterladen zu schließen. Der Soldat ist zwölf Meter entfernt, als

WEITERLESEN
Mark Jones: »Am Anfang war Gewalt. Die deutsche Revolution 1918/19 und der Beginn der Weimarer Republik« Propyläen Verlag, Berlin 2017

MORDKOMMANDOS
Regierungstreue Soldaten verhaften linke Aufständische in Berlin (oben). Unten: Erschossene Matrosen in einem Hinterhof. Beide Bilder aus dem März 1919

er sein Gewehr hebt und den Schuss abfeuert, der sie tötet. Kurz darauf bringt er in derselben Straße zwei weitere Zivilisten um und droht sogar, auf eine Gruppe von Zeugen zu schießen, die ihn wegen der Ermordung des Kindes übel beschimpfen. Sein Name ist Max Marcus. Später muss er sich für diese Verbrechen vor Gericht verantworten. Doch zur Verteidigung führen seine Anwälte Noskes Schießbefehl an. Marcus wird schließlich in sämtlichen Anklagepunkten bis auf den der Unterschlagung freigesprochen.

Es wäre falsch, die Exzesse während der Revolution als bloße Fortsetzung der Gewalt des Ersten Weltkriegs zu verstehen. Ebenso falsch wäre die Annahme, die Nachkriegsgesellschaft habe den Tod von Zivilisten umstandslos akzeptiert. Vielmehr verfestigten sich im Winter 1918/19 bei den politischen Eliten und in den Medien ureigene Vorstellungen, warum die Gewalt notwendig sei. Im Kern ging es darum, dass die Täter ihren Opfern das Menschsein streitig machten. Die Getöteten galten nur noch als »Bestien in Menschengestalt«. Diese Entmenschlichung war getrieben von Panik, von der Furcht vor einer Invasion, vor »russischen Verhältnissen«, verbunden mit älteren Ängsten vor einem »Lumpenproletariat«, das sich erhebt, um die Kontrolle über die Großstädte zu übernehmen. Neben diesen Schreckensszenarios, die für manche kaum von der Realität zu unterscheiden waren, befeuerten auch die realen Gefahren der Rebellion und die Gewaltsprache der Kommunistenführer die Radikalisierung. Außerdem spielte der Wunsch nach Rache an den Aufständischen eine Rolle. Dieser sollte aber nicht überbewertet werden. Persönliche Racheakte waren nur möglich, weil die politischen und militärischen Entscheidungen sie als Machtdemonstration des Staates deckten.

Noskes Schießbefehl, ursprünglich aufgrund einer Falschmeldung aus dem Berliner Osten erlassen, wird für die Niederschlagung der Münchner Räterepublik im April/Mai 1919 noch einmal bekräftigt. Hinzu kommen etliche weitere Befehle, die Offiziere und Soldaten anweisen, äußerste Gewalt anzuwenden und gegenüber den Feinden keine Gnade zu zeigen.

Dass die maßgeblichen Politiker, einschließlich der Spitzen von Sozialdemokratie und Liberalismus, diese Gangart unterstützt haben, ist eine der großen Tragödien der deutschen Revolution von 1918/19. Es bleibt abzuwarten, ob sich die heutige Politik anlässlich der Hundertjahrfeier bereitfindet, auch der dunklen Seite der Revolution zu gedenken. ∎

MARK JONES *ist Assistant Professor am University College Dublin*

Aus dem Englischen von Michael Adrian

ZEITZEUGNIS

Fatale Fake-News

Rechte Militärs erfinden im März 1919 ein Massaker in Berlin und hängen es den Spartakisten an

Am Montag, dem 10. März 1919, erscheint der sozialdemokratische *Vorwärts* mit der Titelzeile: »Der Lichtenberger Gefangenenmord. / Das Standrecht in Berlin verhängt.« Der Artikel berichtet von einem »gemeinen Waffen- und Meuchelmord«, den »der Spartakusbund« verübt habe: »Die Feder sträubt sich, wenn sie die grausenerregenden Handlungen nochmals beschreiben soll, die hier von spartakistischen Haufen an wehrlosen Gefangenen verübt worden sind. Sechzig Polizeibeamte und einige Dutzend Regierungssoldaten sind wie Tiere abgeschlachtet worden.« In Lichtenberg, wo Straßenkämpfe toben, sollen Revolutionäre das Polizeipräsidium gestürmt und fast alle Menschen dort ermordet haben, obwohl diese sich ergeben hätten. Der *Vorwärts* fordert: »Keine Gnade den Mördern«.

Die Meldung ist erfunden. Sie beruht auf einer Lüge, die von der Garde-Kavallerie-Schützen-Division unter Waldemar Pabst als offizielle Meldung verbreitet wurde; der Truppe also, die für die Ermordung von Karl Liebknecht und Rosa Luxemburg verantwortlich ist. Da die Division aufseiten der Regierung kämpft und unter ihrem Befehl steht, hat die Mitteilung für die Presse amtlichen Charakter.

In der *B.Z. am Mittag* ist das Gräuelmärchen bereits am 9. März erschienen. Eine Reihe bürgerlicher und liberaler Zeitungen greift es in den folgenden 24 Stunden auf, die Opferzahl wächst dabei von 60 auf 150 und dann auf über 200. Die Blätter versuchen sich mit angeblichen Details und plastischer Schilderung der Bestialität der Mörder zu überbieten. Reichswehrminister Noske erlässt einen folgenschweren Schießbefehl, den Pabst ihm wohl formuliert hat. Er kommt einer Blankovollmacht für die Regierungstruppen gleich, wird von Pabst für die Truppe verschärft und deckt die enthemmte Gewalt und die Massaker an den Revolutionären in Lichtenberg und anderen Stadtteilen; nach vorsichtigen Schätzungen sterben mehr als 1200 Menschen.

Bald zeigt sich, wie wenig die Meldung mit der Realität zu tun hat: Zwar gab es eine Auseinandersetzung am Präsidium in Lichtenberg zwischen Aufständischen und Regierungstreuen. Dabei sind aber nicht 200, auch nicht 60 Polizisten, sondern – traurig genug – zwei oder drei Beamte und mehrere Angreifer ums Leben gekommen. Noske wird darüber am 10. März von drei Arbeitervertretern informiert, die nach Lichtenberg gefahren waren. Dass man es besser hätte wissen können, zeigt auch die Ausgabe der USPD-Zeitung *Freiheit* vom 11. März 1919: »Wir warnen vor den einseitigen Greuelberichten und Legenden«, schreibt das Blatt, die »von Untaten und Bestialitäten der Spartakuskämpfer zu berichten wissen«, weil diese »zum Teil frei erfunden« seien. Vor allem mit der Meldung von den ermordeten Polizisten in Lichtenberg verbreite die Presse leichtfertig »unkontrollierbare und wilde Schreckensnachrichten« mit »haarsträubenden Einzelheiten«.

Als Regierungstruppen schließlich am 12. März in Lichtenberg einmarschieren und den Stadtteil besetzen, wird sehr schnell klar, dass die angeblich ermordeten Polizisten noch leben. Noskes Schießbefehl bleibt trotzdem bis zum 16. März 1919 in Kraft. Auch nach seiner Aufhebung gibt kaum ein Regierungsvertreter zu, dass er auf einer Lüge beruht. **FLO**

LÜGE UND WAHRHEIT
Der »Vorwärts« vom 10. März 1919 verbreitet die falsche Nachricht vom Massaker in Lichtenberg; die »Freiheit« vom 11. März distanziert sich

Nach Anruf Mord

Reaktionäre Offiziere üben nach dem Januaraufstand blutige Rache: Sie erschießen die verhassten Spartakistenführer Rosa Luxemburg und Karl Liebknecht. Sind höchste Stellen in den Plan eingeweiht? VON ANDREAS MOLITOR

Arbeiter, Bürger!

Das Vaterland ist dem Untergang nahe.
Rettet es!
Es wird nicht bedroht von außen, sondern von innen:

Von der Spartakusgruppe.

**Schlagt ihre Führer tot!
Tötet Liebknecht!**

Dann werdet ihr Frieden, Arbeit und Brot haben!

Die Frontsoldaten

Dieses Plakat ist bereits Anfang Dezember 1918 in Berlin an Litfaßsäulen zu sehen

Drahtbericht der Münchner Neuesten Nachrichten

München, den 16. Januar 1919

Liebknecht und Rosa Luxemburg erschossen.

Berlin, 16. Januar

Der Kraftwagen, der den verhafteten **Liebknecht** aus dem Edenhotel ins Gefängnis bringen sollte, hatte im Tiergarten eine Panne. **Liebknecht versuchte zu fliehen** und wurde von der Begleitwache **erschossen.**

Am 16. Januar 1919 geht die Meldung von der Ermordung über die Drähte der Nachrichtenbüros

»AUF DER FLUCHT ERSCHOSSEN«
Dem öffentlichen Aufruf zum Mord folgt am 15. Januar 1919 die Tat. Einen Tag später wird die offizielle Version des Hergangs verbreitet

Es ist auf Anhieb nicht leicht zu erkennen, was da unter dem Bogen der Stadtbahnbrücke im trüben Wasser des Landwehrkanals dümpelt an jenem Morgen des 31. Mai 1919. »Aus der Entfernung sah es aus wie ein aufgeblasener Taucheranzug«, wird Pranes Penkaitis, ein Legationsrat der litauischen Botschaft, später zu Protokoll geben. Er hat das seltsame Treibgut als Erster entdeckt. Als er näher herangeht und zwei mit Handschuhen bedeckte Hände erblickt, weiß er, dass er eine Leiche vor sich hat. Die stark verwesten Überreste einer sehr kleinen Frau, die mehrere Monate im Wasser gelegen haben muss. Von der Kleidung sind lediglich Fetzen übrig – und schwarze Strümpfe, die bis über die Knie reichen. Zwei Männer, der Schleusenarbeiter Gottfried Knepel und der Tischler Otto Fritsch, holen die Leiche aus dem Wasser. Fritsch, einem überzeugten Sozialdemokraten, ist sofort klar, welchen Fund sie gemacht haben: Vor ihnen liegen die sterblichen Überreste von Rosa Luxemburg.

Anfang Januar 1919. Die letzten Tage im Leben von Rosa Luxemburg und Karl Liebknecht sind angebrochen. Eine Angst geht um in Deutschland. Angst vor Terror und Chaos, vor einer blutigen Revolution, wie sie gerade Russland heimgesucht hat, vor einem Bürgerkrieg, Deutsche gegen Deutsche, mit Zehntausenden Toten. Und die Angst verbrüdert sich mit loderndem Hass. Der richtet sich gegen den von Liebknecht und Luxemburg geführten Spartakusbund, jene radikale linkssozialistische Gruppierung, Fleisch vom Fleisch der SPD, die alles daransetzen will, die Revolution weiterzutreiben und die Arbeiterklasse an die Macht zu führen.

Längst hat sich die Spartakisten-Phobie ins kollektive Bewusstsein großer Teile der deutschen Bevölkerung gefräst. Geschürt wird sie auch von den regierenden Sozialdemokraten. Ihnen graust vor einer proletarischen Revolution: »Ich aber will sie nicht, ja ich hasse sie wie die Sünde«, schaudert es Reichskanzler Friedrich Ebert.

Die Galionsfiguren der Spartakisten, das sind Rosa Luxemburg, aus Russisch-Galizien stammend, eine charismatische Agitatorin mit intellektueller Schärfe und rhetorischer Brillanz, die im Spartakisten-Zentralorgan *Die Rote Fahne* fast täglich den Schulterschluss der Sozialdemokraten mit den alten Eliten geißelt. Und Karl Liebknecht, der Sohn des alten 1848ers und SPD-Mitgründers Wilhelm Liebknecht, ein 47-jähriger Rechtsanwalt, der im Dezember 1914 den Mut besessen hat, als einziger Abgeordneter im Reichstag gegen die Verlängerung der Kriegskredite zu stimmen.

Liebknecht ist die meistgehasste Person jener Wochen. »Er war wie ein unsichtbarer Priester der Revolution«, schreibt der Publizist, Pazifist und Kunstsammler Harry Graf Kessler, »ein geheimnisvolles, tönendes Symbol, zu dem diese Leute aufblickten.« Karikaturen zeigen Liebknecht tot und mit heraushängender Zunge am Galgen baumelnd. Plakate an Berliner Litfaßsäulen und Hauswänden rufen zum Lynchmord an den Spartakisten und insbesondere an Liebknecht auf: »Arbeiter, Bürger! Schlagt ihre Führer tot! Tötet Liebknecht!«

Obwohl Liebknecht nach Ansicht des irischen Historikers Mark Jones, der den Mythos um den Spartakistenführer analysiert hat, über das revolutionäre Geschehen »keine Kontrolle hatte und eher den Status einer Randfigur einnahm, wurde er zum wichtigsten Kristallisationspunkt der deutschen Ängste vor Ordnungsverlust und revolutionärer Gewalt«. Liebknecht als künftiger Diktator, als deutscher Lenin – das ist zur Jahreswende 1918/19 eine Vorstellung, die in den Köpfen vieler Menschen verfängt.

Tatsächlich sind die Spartakisten zu keiner Zeit in der Lage, eine Revolution gewaltsam vom Zaun zu brechen. Es fehlt eine straffe Organisation, es fehlen schwere Waffen, und es fehlt die Massenbasis in den Betrieben. »Wenn man fragt, was Liebknecht und Rosa Luxemburg zu dem Drama dieser zwei Monate beigetragen haben, dann heißt die ehrliche Antwort: wenig oder nichts«, urteilt der Publizist Sebastian Haffner in seiner vor fast 50 Jahren veröffentlichten

DEUTSCHER SPARTAKUS
Karl Liebknecht spricht Anfang Januar 1919 vor dem Reichsinnenministerium in Berlin zu seinen Anhängern. Es ist seine letzte Rede

Studie zur Novemberrevolution. Beim Reichsrätekongress im Dezember 1918 sind sie nicht einmal als Gäste mit beratender Stimme zugelassen, und selbst auf dem Gründungskongress der KPD an der Jahreswende werden sie in wichtigen Fragen überstimmt.

Vom Januaraufstand, dem Putschversuch enttäuschter Arbeiter, Linkssozialisten und Kommunisten, werden die Spartakisten eher überrollt, als dass sie ihn geplant hätten. Liebknecht, in der irrigen Annahme, das Militär in Berlin stehe auf der Seite der Aufständischen, ist eifrig bemüht, sich an die Spitze der Bewegung zu stellen. Er tritt dem Revolutionsausschuss der Berliner Arbeiter bei und setzt seinen Namen unter einen Aufruf zum Sturz der Regierung.

Daraufhin kommt es zum Streit zwischen Liebknecht und Luxemburg, die den Aufstand intern scharf kritisiert. »Karl, ist das unser Programm?«, soll sie Liebknecht zugerufen haben. Noch wenige Tage zuvor, auf ihrer Rede beim Gründungsparteitag der KPD, hat sie Gewalt und Terror klar verurteilt. Nie werde der Spartakusbund die Regierungsgewalt anders übernehmen als durch die Zustimmung der großen Mehrheit des deutschen Proletariats – »wenn nur unser Leben ausreicht, es dahin zu bringen«. Sie ist sich darüber im Klaren, dass diese Stunde noch lange nicht gekommen ist – und dass die schlecht bewaffneten Arbeiter verloren sind, wenn die Regierung das Militär schickt.

Erst als sie erkennt, dass der Aufstand nicht mehr zu bremsen ist, schlägt sich auch Luxemburg öffentlich auf die Seite der Putschisten. Die ansonsten messerscharf analysierende Theoretikerin steigert sich in fiebrige Revolutionsrhetorik. »Noch nie war ein Kampf schöner«, frohlockt sie in der *Roten Fahne*, »noch nie ein Kampf gerechter, noch nie einer von höherem Werte in der Geschichte.«

Der Januaraufstand lässt die Spartakistenphobie in Pogromstimmung umschlagen. Die SPD-Spitze ist nunmehr fest entschlossen, der Bedrohung von links ein Ende zu setzen, auch wenn dabei Blut fließt. Bis zum 12. Januar haben Regierungstruppen den Aufstand niedergeschlagen. Trotzig verkündet Rosa Luxemburg am 15. Januar in der *Roten Fahne:* »Die Revolution wird sich morgen schon rasselnd wieder in die Höh' richten und zu eurem Schrecken mit Posaunenklang verkünden: Ich war, ich bin, ich werde sein!« Es ist ihr letzter Artikel.

Liebknecht und Luxemburg wissen, dass sie nirgends mehr sicher sind. Ständig wechseln sie das Quartier, nächtigen in der Redaktion der *Roten Fahne,* in Hotelzimmern, bei Freunden und Gesinnungsgenossen. Hunderte Soldaten und Freiwillige suchen in der ganzen Stadt nach ihnen. Am Abend des 15. Januar werden sie in einer Wohnung in der Mannheimer Straße von einer Patrouille der »Wilmersdorfer Bürgerwehr« aufgespürt. Die Uniformierten sind unsicher, wie sie verfahren sollen, und rufen ihre vorgesetzte Dienststelle an, die Garde-Kavallerie-Schützen-Division (GKSD), die im noblen Hotel Eden residiert, direkt gegenüber dem Zoologischen Garten.

Die kaiserliche Eliteeinheit, die an der Westfront kämpfte, hat binnen weniger Wochen eine Metamorphose zu einem konterrevolutionären Freikorps vollzogen. Geführt wird sie von Hauptmann Waldemar Pabst, als 1. Generalstabsoffizier faktisch der Befehlshaber der GKSD. Der 38-Jährige ist ein kühl kalkulierender Kaisertreuer, dem der Kaiser abhandengekommen ist, angewidert von den revolutionären Umtrieben, der Prototyp des Konterrevolutionärs. Ein paar Tage zuvor ist einer seiner Offiziere mit dem Ansinnen bei ihm vorstellig geworden, Rosa Luxemburg zur Truppe sprechen zu lassen. Er hatte eine Rede von ihr gehört und war beeindruckt. »In diesem Augenblick erkannte ich die ganze Gefährlichkeit der Frau Luxemburg«, wird Pabst später schreiben. »Sie war gefährlicher als alle anderen, auch die mit der Waffe.«

Die Nachricht von der Festnahme der beiden meistgesuchten politischen Gegner elektrisiert Pabst. Sogar Liebknechts Post und Telefon hat er überwachen lassen. Und nun hat er sie. »Endlich konnte er Rache nehmen«, schreibt der Pabst-Biograf Klaus Gietinger, »Rache für den verlorenen Krieg, den fahnenflüchtigen Kaiser, Rache für die Novemberrevolution.« Pabst fasst einen schnellen Entschluss: Liebknecht und Luxemburg dürfen diese Nacht nicht überleben. Die richtigen Leute für einen Mordauftrag stehen schon bereit. Unter den Fittichen der GKSD gibt es eine Geheimtruppe, sechs junge Marineoffiziere, geeint durch bedingungslosen Gehorsam, fanatischen Spartakistenhass und absolute Verschwiegenheit.

Pabst lässt Liebknecht und Luxemburg getrennt ins Eden bringen. Als sie dort ankommen, schreibt Gietinger, »durchzitterte ein kollektiver Erregungszustand das Nobelhotel«. Brave Bürger, Offiziere und einfache Soldaten – sie alle wollen Vergeltung. »Rosa, du alte Hure!«, beschimpfen sie die Gefangene, als sie die Hotellobby betritt. »Heute Nacht wird euch beiden das Maul gestopft.« Es riecht nach Lynchjustiz.

Binnen weniger Minuten entwirft Pabst einen Plan und ruft die Offiziere der Spezialeskadron zusammen. Zur Tarnung tragen sie die grauen Uniformen einfacher Soldaten. Der offizielle Befehl

ROTE STIMME

Lange wendet sich Rosa Luxemburg gegen einen gewaltsamen Sturz der Regierung. Im Januar 1919 aber ruft sie die Arbeiter zum Kampf auf

lautet, Liebknecht und Luxemburg mit dem Auto ins drei Kilometer entfernte Untersuchungsgefängnis Moabit zu überstellen. Ein Ziel, das sie nie erreichen werden.

Zuerst wird Liebknecht aus dem Hotel geführt. Fast wäre Pabsts Plan in diesem Moment von den Rachegelüsten eines anderen Offiziers aus dem Stab der GKSD durchkreuzt worden. Waldemar Petri weiß nichts von den Mordbefehlen seines Vorgesetzten und befürchtet, insbesondere der verhasste Liebknecht könne lebend davonkommen. Er stachelt einen der wachhabenden Soldaten an, den Husaren Otto Wilhelm Runge, dem Gefangenen mit dem Gewehrkolben den Schädel einzuschlagen, und gibt ihm dafür 100 Mark. Runge geht auf Liebknecht los, verletzt ihn aber nur leicht.

Der Spartakistenführer muss in das wartende Auto steigen, einen NSU-Kleintransporter mit offener Ladefläche. In der Dunkelheit des Tiergartens täuscht der Fahrer eine Panne vor und hält an. Die Offiziere befehlen Liebknecht, auszusteigen und den Weg zu Fuß fortzusetzen. Nach wenigen Schritten wird er aus vier Pistolen von hinten erschossen.

Eine halbe Stunde nachdem das erste Mordkommando Liebknechts Leiche bei der Rettungsstation am Eingang des Zoos abgeliefert hat, wird auch Rosa Luxemburg mit einem Kraftfahrzeug, einem offenen Wagen der Marke Priamus, vor dem Eden abgeholt. Der Soldat Runge attackiert auch sie, versetzt ihr zwei Hiebe mit dem Gewehrkolben. Luxemburg stürzt zu Boden und wird bewusstlos und stark blutend in den Wagen geworfen. Etwa 40 Meter vom Hotel entfernt springt ein Offizier der GKSD aufs linke Trittbrett des langsam fahrenden Wagens, schießt Luxemburg mit einer Parabellum 7,5 Millimeter in den Kopf und springt wieder ab. Erst Ende der Sechzigerjahre wird bekannt, dass es sich bei dem Todesschützen mit großer Wahrscheinlichkeit um den Leutnant zur See Hermann W. Souchon handelte. Rosa Luxemburg ist sofort tot. Das Kommando fährt weiter und hält im Tiergarten an, wo Kurt Vogel, einer der Offiziere, die Leiche über ein Gebüsch in den Landwehrkanal wirft. »Die Sau schwimmt schon«, erzählen sich Soldaten im Hotel später am Abend.

Noch am selben Abend verfasst Pabst einen Bericht über die Ereignisse, der in den meisten Zeitungen abgedruckt wird. Nach der Panne des Wagens habe Liebknecht versucht zu fliehen; er »rannte eiligst in gerader Richtung von ihnen fort« und sei »auf der Flucht erschossen« worden.

Bei Rosa Luxemburg, einer Frau, die nur 1,46 Meter misst und hinkt, klingt ein Fluchtversuch unglaubwürdig. Es soll so aussehen, als sei sie von einem aufgebrachten Mob gelyncht worden. Ein Mann sei auf das Trittbrett gesprungen und habe geschossen, bevor der Fahrer am Landwehrkanal »durch Haltrufe zum Anhalten aufgefordert« worden sei. In Pabsts Bericht »drängte sich eine zahlreiche Menschenmenge an den Wagen heran [...] und zerrte unter den Rufen: ›Das ist die Rosa!‹ den Körper der Frau Luxemburg heraus. Die Menge verschwand mit ihr in der Dunkelheit.«

Die Regierung reagiert mit klammheimlicher Genugtuung auf den Doppelmord. Endlich ist der Spartakistenspuk vorbei. »Sie haben Tag für Tag das Volk zu den Waffen gerufen und zum gewaltsamen Sturz der Regierung aufgerufen«, tönt der Volksbeauftragte Philipp Scheidemann am nächsten Tag bei

einer SPD-Kundgebung in Kassel. »So sind sie selbst Opfer ihrer eigenen blutigen Terrortaktik geworden.«

Ein Ermittlungsverfahren ist freilich nicht zu umgehen. Allerdings gerät es zur Groteske. Ausgerechnet die Militärjustiz, also Pabsts GKSD, die Kameraden der Mörder, soll die Todesfälle untersuchen. Die Ermittlungen leitet Kriegsgerichtsrat Paul Jorns, später Ankläger am Volksgerichtshof Hitlers. Er vertuscht, verzögert, fälscht Akten und unterschlägt Beweismaterial. Die Zellentüren der verhafteten Offiziere, die regen Damenbesuch empfangen, stehen offen, sodass sie ihre Aussagen absprechen können. Außerdem verfügen sie im Gefängnis über Maschinengewehre, Handgranaten und Flammenwerfer – für den Fall, dass Proletarier die Haftanstalt stürmen sollten. Waldemar Pabst wiederum, der Drahtzieher der Morde, wird von Jorns abgeschirmt und einer Vernehmung durch die drei zivilen Beisitzer von SPD

PATE DER MÖRDER
Hauptmann Waldemar Pabst entwickelt den Plan, Liebknecht und Luxemburg hinzurichten, und gibt einer kleinen Gruppe von Offizieren den Befehl, die Tat auszuführen

und USPD immer wieder entzogen. Weder gegen Pabst noch gegen Petri wird je ermittelt.

Schon bald kommen allerdings Teile der Wahrheit ans Licht. Immerhin gab es etliche Augenzeugen vor dem Hotel Eden. Zwei Tage nach den Morden heißt es in der USPD-Parteizeitung *Freiheit:* »Wir halten die amtliche Darstellung für vollkommen erlogen.« Dies betreffe sowohl die »ganze Erzählung vom dem Fluchtversuch« Liebknechts als auch die Behauptung, Rosa Luxemburgs Leiche sei »von einer Volksmenge verschleppt und seither unauffindbar«. Die Leiche »ist verschleppt worden von denen, die ein Interesse daran hatten, die Spuren ihrer Tat zu verwischen, von den wirklichen Mördern. Und die sind aller Wahrscheinlichkeit neben der Bewusstlosen im Auto gesessen.«

Die Hauptverhandlung im Mai 1919 nennt Klaus Gietinger »einen der schamlosesten Lügenprozesse der deutschen Rechtsgeschichte«. Als sie beginnt, ist alles bestens vertuscht. »Jorns hat seine schwierige Aufgabe glänzend gelöst«, lobt Pabst 1966 in einem Gespräch die Arbeit des Kriegsgerichtsrats, der in dem Prozess als Chefankläger auftritt. Der Husar Otto Wilhelm Runge, der seine Aussage gemeinsam mit Jorns im Gefängnis geprobt und die Finesse des Komplotts wohl nie erfasst hat, muss als Bauernopfer herhalten und wird als halb schwachsinniger Psychopath hingestellt. Wegen »Wachvergehens im Felde« sowie »Totschlags in Tateinheit mit gefährlicher Körperverletzung unter Missbrauch der Waffe« wird Runge zu zwei Jahren Haft verurteilt. Das gleiche Strafmaß erhält – wegen »erschwerten Wachverbrechens« und »Beiseiteschaffung einer Leiche« – Oberleutnant Kurt Vogel, der die Leiche Rosa Luxemburgs in den Landwehrkanal geworfen hat und außerdem im Verdacht steht, den tödlichen Schuss auf sie abgegeben zu haben. Mit gefälschtem Pass versorgt, kann Vogel sich schon bald nach Holland absetzen. Die vier Offiziere, die Liebknecht erschossen haben, werden allesamt freigesprochen. Hermann W. Souchon, der mutmaßliche Todesschütze Luxemburgs, wird überhaupt nicht belangt.

Auch Pabst, die Schlüsselfigur des Komplotts, kommt ungeschoren davon und kann sich bereits ein Jahr später am Kapp-Putsch beteiligen. Erst 1962, acht Jahre vor seinem Tod, bekennt er sich in dem NPD-nahen Blatt *Das deutsche Wort* zu seinem Mordbefehl: »Dieser Entschluss zur Beseitigung der beiden verderblich wirkenden und gelehrigen Moskau-Schüler ist mir nicht leicht gefallen«, heißt es. Kurz darauf lässt er sich in einem *Spiegel*-Interview zu der Aussage hinreißen: »Ich habe sie richten lassen.«

Aber warum sagt er nicht: »Ich habe sie gerichtet?« Jahrzehntelang gilt als Gewissheit, dass eine Gruppe reaktionärer Offiziere auf eigene Rechnung handelte. Erst Anfang der Neunzigerjahre, als Klaus Gietinger unbekannte Aufzeichnungen im Nachlass Pabsts entdeckt, wird bekannt, dass der Hauptmann, kurz nachdem Liebknecht ins Hotel Eden gebracht worden war, noch einen Anruf tätigte. Am anderen Ende der Leitung war der Volksbeauftragte Gustav Noske, genauso wie Pabst ein erklärter Spartakistenfresser.

Über die Befehlskette der Exekution Liebknechts und Luxemburgs gibt Pabst in seinen unveröffentlichten Memoiren Auskunft. »Dass sie durchgeführt werden musste, darüber bestand bei Herrn Noske und mir nicht der geringste Zweifel.« Aber er wollte von Noske einen Befehl – den dieser nicht geben mochte. Noske soll Pabst angewiesen haben, sich die Genehmigung von seinem Vorgesetzten, General von Lüttwitz, zu holen. Auf die Einwendung Pabsts, »die werde er nie bekommen«, habe Noske gesagt, »dann müsse er selbst verantworten, was zu tun sei«.

Pabst verstand dies als Freibrief. 1969 schreibt er: »Als die nötigen Befehle gegeben werden sollten, da wollte es keiner tun, weder die hohen Militärs noch die Regierungsmitglieder. Also musste ein kleiner Hauptmann die Befehle geben.« Noske hat die Morde demnach wohl nicht angeordnet, aber gutgeheißen. Später habe Noske zu ihm gesagt, »es war richtig, dass Sie es so gemacht haben«, erklärt Pabst im *Spiegel*-Interview. Ob auch Friedrich Ebert in jener Nacht informiert wurde, wird man wohl nie erfahren.

Revolution und Konterrevolution hatten in der Arbeiterschaft bereits eine tiefe Kluft entstehen lassen. Der Mord an Liebknecht und Luxemburg besiegelte diese Spaltung und vertiefte die Kluft zum Abgrund; er schuf Märtyrer und schwächte die junge Republik. Dabei, so bemerkte Sebastian Haffner, änderte ihr Tod »am Ablauf der politischen Ereignisse zunächst so gut wie gar nichts«. Erst später sei diese Episode »das eigentliche geschichtsträchtige Ereignis des deutschen Revolutionsdramas« geworden.

Waldemar Pabst, der Schattenmann der Konterrevolution, wird am Tag nach dem Mord an Rosa Luxemburg und Karl Liebknecht zum Rapport bei den Volksbeauftragten ins Reichskanzlerpalais bestellt. »Nur einer von den Herrschaften«, wird er Jahrzehnte später schreiben, habe »richtig begriffen, was wir für unser deutsches Vaterland getan haben: Noske. Er hat mir die Hand gedrückt.« ■

ANDREAS MOLITOR *ist freier Journalist. Er lebt in Berlin*

LIEBKNECHTS LEICHNAM
Den leblosen Körper liefern die Mörder als »unbekannten Toten« in einer Rettungsstation am Zoologischen Garten Berlin ab

WEITERLESEN
Annelies Laschitza, Klaus Gietinger (Hrsg.): »Rosa Luxemburgs Tod: Dokumente und Kommentare« Rosa-Luxemburg-Stiftung Sachsen, Leipzig 2010

Ein erhebender Moment

Die Revolution bringt den Frauen, wofür sie seit
Jahrzehnten gekämpft haben: das Wahlrecht.
Vollends gleichberechtigt sind sie damit aber noch nicht

VON BIRTE FÖRSTER

GEHT WÄHLEN!
Die Schauspielerin Molly Wessely wirbt Anfang Januar 1919 auf dem Kurfürstendamm in Berlin dafür, dass Frauen ihre Stimme abgeben

Was hatten die Frauen nicht schon unternommen, um das Wahlrecht zu bekommen: Anita Augspurg und Lida Gustava Heymann, unerschrockene Kämpferinnen für das Stimmrecht, richteten 1906 und 1915 eine Petition an den Reichstag. Der Bund Deutscher Frauenvereine veröffentlichte 1917 eine Denkschrift zum Thema. Und als Anfang Oktober 1918 die Einführung des allgemeinen und gleichen Wahlrechts in Preußen ausschließlich für Männer geplant wurde, schrieben sozialistische und bürgerliche Frauenvereine gemeinsam einen wütenden Protestbrief an Reichskanzler Max von Baden und stellten am 8. November einen Initiativantrag zur Einführung des Frauenwahlrechts an den Reichstag. All das blieb ohne sichtbaren Erfolg. Dann kam die Revolution.

»Alle Wahlen zu öffentlichen Körperschaften sind fortan nach dem gleichen, geheimen, direkten, allgemeinen Wahlrecht auf Grund des proportionalen Wahlsystems für alle mindestens 20 Jahre alten männlichen und weiblichen Personen zu vollziehen«, verkündete der Rat der Volksbeauftragten am 12. November 1918 in einem Aufruf »An das deutsche Volk«. Vielleicht hatte die neue Bayerische Republik die Berliner Regierung unter Zugzwang gesetzt: Ministerpräsident Kurt Eisner hatte am 8. November 1918 nicht nur den Freistaat Bayern ausgerufen, sondern auch das Frauenwahlrecht eingeführt. Im Reich drängten die Mehrheitssozialdemokraten auf eine parlamentarische Demokratie, und so hieß es in dem Aufruf, das neue Wahlrecht gelte auch für die geplante verfassunggebende Nationalversammlung.

Das Wahlrecht für Frauen kam mit der Revolution, aber der Kampf dafür begann lange vor dem Novemberumsturz. Auch war die Einführung keine Belohnung für die Leistungen deutscher Frauen im Krieg. Der hatte die Durchsetzung der alten Forderung wohl eher verzögert als beschleunigt.

Bereits seit der Jahrhundertwende hatten die bürgerliche und die sozialistische Frauenbewegung für das »Frauenstimmrecht« gekämpft, seit 1902 war es erklärtes Ziel des Dachverbands Bund Deutscher Frauenvereine. Sozialistinnen wie Clara Zetkin verbanden mit dem Frauenwahlrecht die politische Utopie, die Bourgeoisie zu zerschlagen. Dagegen wurde innerhalb der bürgerlichen Frauenbewegung darüber gestritten, ob man für ein an Besitz gebundenes oder für ein allgemeines Wahlrecht eintreten solle – das in vielen Ländern des Reiches auch die Männer nicht besaßen.

Dass Männern das allgemeine Wahlrecht zustehe, Frauen aber nicht: Diese Vorstellung war im 19. Jahrhundert unter Liberalen und Republikanern weit verbreitet. Ein idealer Staatsbürger, so meinte man zu wissen, müsse über sich selbst bestimmen können und seine Affekte kontrollieren können. Vor allem aber müsse er (wirtschaftlich) frei von äußerer Beeinflussung sein. Dies traf auf verheiratete Frauen nicht zu, die keine eigenständigen Rechtspersonen mehr waren. Ihr Besitz ging an den Ehemann über. In bürgerlichen Vorstellungswelten repräsentierten sie die Sphären von Gefühl und Natur und waren somit im privaten Bereich am besten aufgehoben. Der spätere Außenminister Walther Rathenau sah 1912 Frauen »unzulässigen politischen Beeinflussungen« ausgesetzt, wenn sie verheiratet waren, in einer Gütergemeinschaft mit ihren Eltern oder Kindern lebten oder als Dienstbotinnen oder Prostituierte tätig waren.

Die bürgerlichen Frauenvereine trugen nun gewissermaßen die Beweislast: Sie mussten zeigen, dass ihre Mitglieder sehr wohl Staatsbürgerinnen sein konnten. Der 1865 gegründete Allgemeine Deutsche Frauenverein (ADF) definierte daher Bildung, Erziehung, Hygiene und Arbeitsschutz als Bereiche, in denen Frauen besonders kompetent seien und – zunächst auf kommunaler Ebene – politische Mitspracherechte haben sollten. Das bedeutete etwa, in städtischen Kommissionen über die Vergabe öffentlicher Gelder mitzuentscheiden. Außerdem richtete der ADF Beratungsstellen ein, in denen sich Frauen und Mädchen allgemein über ihre Rechte und über mögliche Berufe informieren konnten. Die Darmstädter Ortsgruppe erklärte 1904, sie wolle, statt sich mit »Vergnügen, Putz und Geselligkeiten« abzugeben, Bürgersinn und Verantwortungsfähigkeit demonstrieren.

Schrittweise gelangten Frauen zu mehr politischen Rechten: 1902 wurde das Verbot für Frauen aufgehoben, an politischen Versammlungen teilzunehmen. Das durften sie nun in einem abgetrennten Bereich – separiert häufig durch eine Schnur. 1908 fiel auch diese symbolische Grenze: Das Reichsvereinsgesetz erlaubte es nun Frauen, Mitglied in Parteien und Vereinen zu werden. In einigen Regionen wie in Hessen-Nassau hatten vermögende ledige Frauen und Witwen bereits das kommunale Wahlrecht. Dort klapperten Mitglieder des ADF 1909 alle Gemeinden ab, um diese Wahlberechtigten ausfindig zu machen und zur Ausübung ihres Rechts zu ermuntern. Ein Drittel der 1230 Frauen gab später an, gewählt zu haben. Im Großherzogtum Hessen durften Frauen ab 1911 Mitglied in den Ausschüssen für das Armenwesen, für das Unterrichts- und Erziehungswesen, für das Gesundheitswesen und für die Krankenfürsorge werden. Bis zu ein Viertel der Sitze war für sie vorgesehen. »Wir leben bereits mitten in der sozialen Revolution«, schrieb August Bebel schon 1909 im Vorwort der 50. Auflage seines Buchs *Die Frau und der Sozialismus*.

Die Revolution von 1918 brachte schließlich das Wahlrecht, doch sie war auch eine Enttäuschung. In den Arbeiter- und Soldatenräten dominierten männliche Revolutionäre: Gerade einmal 50 Frauen waren in den Räten von 28 untersuchten deutschen Städten vertreten; zum Berliner Rätekongress im Dezember fuhren nur zwei Frauen als Delegierte. Eine große Ausnahme war Minna Faßhauer, die in der Braunschweiger Räterepublik zur Volkskommissarin für Volksbildung ernannt wurde und damit als erste Frau in Deutschland ein Regierungsamt bekleidete.

Die Hoffnung, die Frauenrechtlerinnen wie Lida Gustava Heymann und Anita Augspurg in die Bayerische Republik setzten, wurde auf dem dortigen Rätekongress im März 1919 bitter enttäuscht. Ihr Antrag, Frauenräte zu bilden, um die politische Repräsentation sicherzustellen, wurde nicht einmal diskutiert. All das waren gute Gründe für viele Aktivistinnen der bürgerlichen Frauenbewegung, der repräsentativen Demokratie den Vorzug zu geben.

Nur wenige Wochen nach der Verleihung des Stimmrechts standen die ersten Landtagswahlen an. »Wir arbeiten fieberhaft an der Politisierung der Frauen«, schrieb die Vorsitzende des Bundes Deutscher Frauenvereine Gertrud Bäumer im November 1918. Parteien und Frauenbewegung betrieben dann auch einen enormen Aufwand, um Frauen zu Wählerinnen zu machen: Reichsweit setzten sie Informationsveranstaltungen und Wahlschulungen an, allein in 180 von 430 Zweigstellen des Katholischen Frauenbundes fanden 360 Kurse und 1400 Versammlungen statt, achteinhalb Millionen Flugblät-

WEITERLESEN
Birte Förster:
»1919. Ein Kontinent erfindet sich neu«
Reclam Verlag, Ditzingen 2018

ter wurden gedruckt und 7700 Helferinnen eingespannt. *Das Illustrierte Blatt* druckte eine Fotoerzählung, in der eine Enkelin ihrer Großmutter erklärt, wie das Wählen funktioniert. Die Reichszentrale für den Heimatschutz, ein Vorläufer der Bundeszentrale für politische Bildung, produzierte sogar einen Film: In *Anna Müller-Lincke kandidiert* bewirbt sich die Hauptfigur um ein Mandat. Der Film endet mit einem Wahlaufruf: »Das R e c h t zu wählen -- ist die P f l i c h t zu wählen!!«

Die Verbände und Parteien hatten Erfolg: 82 Prozent der Frauen gingen am 19. Januar 1919 zur Wahl der Nationalversammlung. Für Gertrud Bäumer war es ein erhebender Tag, Käthe Kollwitz berichtet dagegen von gemischten Gefühlen: »Hatte mich so sehr auf diesen Tag gefreut«, schrieb die Künstlerin, aber nun, nach der Ermordung von Rosa Luxemburg und Karl Liebknecht, herrsche von Neuem »Unentschlossenheit und halbes Gefühl.« Anita Augspurg und Lida Gustava Heymann waren vom Ergebnis ernüchtert, denn der »alte Reichstag und die neue Nationalversammlung haben ein verflucht ähnliches Aussehen«.

Dass mit dem Wahlrecht nur ein Etappenziel auf dem Weg zu mehr Mitbestimmung erreicht war, wusste auch die Sozialdemokratin Marie Juchacz, als sie am 19. Februar 1919 als erste Frau in der verfassunggebenden Nationalversammlung sprach: »Meine Herren und Damen! [...] Was diese Regierung getan hat, das war eine Selbstverständlichkeit: sie hat den Frauen gegeben, was ihnen bis dahin zu Unrecht vorenthalten worden ist. [...] Wir Frauen sind uns sehr bewußt, daß in zivilrechtlicher wie auch in wirtschaftlicher Beziehung die Frauen noch lange nicht in der Gleichberechtigung sind.«

Die Weimarer Reichsverfassung schrieb die staatsbürgerlichen Rechte der Frauen fest: Artikel 17 garantierte ihnen das allgemeine Wahlrecht, Artikel 109 die grundsätzliche Gleichberechtigung mit Männern, Artikel 128 den Zugang zu staatlichen Ämtern. Die neuen Rechte währten jedoch nur so lange, wie die Demokratie lebte. Der Nationalsozialismus hob das Frauenwahlrecht zwar nie formal auf, doch die NSDAP – von Juni 1933 an einzige Partei – ließ keine Frauen als Kandidatinnen zu den vier Reichstagswahlen nach 1933 zu und entzog ihnen damit faktisch das passive Wahlrecht. Jüdischen Frauen und Männern wurde 1935 mit dem Reichsbürgergesetz das Wahlrecht aberkannt.

Nach 1945 mussten die vier Frauen im Parlamentarischen Rat den Kampf um die staatsbürgerliche Gleichstellung neu ausfechten. Gleich zweimal lehnte die Versammlung den Antrag der Sozialdemokratin Elisabeth Selbert ab, den Satz »Männer und Frauen sind gleichberechtigt« in den Artikel 3 der Verfassung aufzunehmen. Die von der bürgerlichen Mehrheit des Hauptausschusses favorisierte Formulierung lautete: »Das Gesetz muss Gleiches gleich, es kann Verschiedenes nach seiner Eigenart behandeln.« Für die Juristin Selbert hätte diese Fassung der Benachteiligung von Frauen Tür und Tor geöffnet. Mit ihrer Parteikollegin Frieda Nadig mobilisierte sie Widerstand im Gebiet der späteren Bundesrepublik.

PRÜFENDER BLICK
Eine Frau in Berlin bei der Wahl zur Nationalversammlung 1919

Körbeweise kamen Protestbriefe von Frauen aller Parteien und Konfessionen in Bonn an, die Parlamentarierinnen des nordrhein-westfälischen Landtags forderten fraktionsübergreifend, den Gleichheitsgrundsatz in der Verfassung zu verankern. Mit Erfolg: Am 18. Januar 1949 nahm der Hauptausschuss des Parlamentarischen Rates Selberts Formulierung an.

Die ersten Frauen der Weimarer Nationalversammlung waren es jedoch, die dafür gesorgt haben, dass Juristinnen wie Elisabeth Selbert überhaupt berufstätig sein konnten. Auch darum sind die Hundertjahrfeier des Frauenwahlrechts und der 70. Geburtstag des Grundgesetzes mit dem Artikel zur Gleichberechtigung von Männern und Frauen so eng miteinander verbunden. ■

BIRTE FÖRSTER *lehrt Neuere und Neueste Geschichte an der Universität Bremen*

»Die demokratischste

Wie wird aus der Revolution eine Republik? In der Weimarer Nationalversammlung formen

USPD
Auf ihrem Plakat zur Wahl der Nationalversammlung 1919 stilisieren sich die Unabhängigen Sozialdemokraten zum Vertreter der hart arbeitenden Klasse

SPD
Eberts Partei inszeniert sich als Garant der neuen Republik, mit der unter rotem Banner eine strahlende Zukunft beginnt

DNVP
Die Deutschnationalen hetzen auf ihrem Flugblatt gegen linke und liberale Politiker und diffamieren sie als jüdisch

Demokratie der Welt«

Sozialdemokraten, Liberale und katholisches Zentrum den neuen Staat VON BENJAMIN LAHUSEN

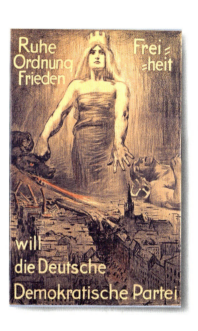

ZENTRUM
Die Partei des politischen Katholizismus wirbt im Januar 1919 um die Stimmen der Kriegswitwen

DVP
Die nationalliberale Partei will die Monarchie restaurieren. Im Wahlkampf 1919 empfiehlt sie sich als Kraft der Mitte

DDP
Wie eine güldene Göttin schwebt der demokratische Liberalismus ins deutsche Städtchen und bringt »Ruhe, Ordnung, Frieden« und »Freiheit«

So revolutionär die Wahl zur verfassunggebenden Nationalversammlung am 19. Januar 1919 auch ist: An der deutschen Parteienlandschaft geht der Umsturz fast spurlos vorüber. Die meisten politischen Gruppierungen sind aus dem Kaiserreich bekannt – neu sind nur ihre Namen.

»Was wollen die Parteien?«, lässt die SPD auf Plakate drucken, mit denen sie Anfang 1919 in den Wahlkampf zieht. Um Missverständnisse zu vermeiden, erteilt sie als Antwort einen kleinen Grundkurs in politischer Bildung: Die »Deutschnationale Volkspartei (früher Konservative) will die Wiederherstellung der Junkerherrschaft«, erläutert die SPD; die »Christliche Volkspartei (früher Zentrum)« habe eine »Wiederherstellung der Pfaffenherrschaft« im Sinn; die »Deutsche Volkspartei (früher Nationalliberale)« arbeite an der »Wiederherstellung der völkerverhetzenden Machtpolitik«; die »Deutsche Demokratische Partei (früher Fortschrittliche Volkspartei)« ziele auf eine »Wiederherstellung der Geldsackherrschaft«; wohingegen die Renegaten von den Unabhängigen Sozialdemokraten (USPD) nicht mehr als »das gefügige Werkzeug der berüchtigten Spartakusrotte« seien.

Ein Katalog des Schreckens. Nur die SPD, heißt es am Fuße des Plakats, strebe nach der »Herrschaft des ganzen Volkes«, und nur sie, darf man schließen, ist sich beim Übergang ins neue Zeitalter treu geblieben. Die Abspaltung der USPD ist der Flurschaden, der durch Krieg und Revolution entstanden ist; der Rest sind muffige Reaktionäre, peinlich bemüht, ihre Verwurzelung im Kaiserreich hinter einer rasch aufgezogenen Fassade zu verstecken.

Ganz falsch sind diese Zuschreibungen nicht. Zwar lässt sich das Kaiserreich kaum auf den gemeinsamen Nenner einer Junker-, Klerikalen-, Imperialisten- und Kapitalistenherrschaft zusammenstreichen, aber die Grundordnung der Parteien hat den 9. November 1918 tatsächlich ohne größere Blessuren überstanden.

Rechts außen steht die Deutschnationale Volkspartei (DNVP), die beherrscht wird von den gefürchteten ostelbischen Großgrundbesitzern und den Vertretern der rheinisch-westfälischen Schwerindustrie. Vor 1918 hatten diese ihre Heimat in der Deutschkonservativen Partei, der Reichspartei oder der Vaterlandspartei, und genau wie damals gilt ihre Liebe auch nach der Revolution dem starken Nationalstaat, dem Kaiser und der völkischen Gemeinschaft, während sich ihr Hass auf Republik, Demokratie und Juden verteilt.

Weniger radikal, aber gleichwohl deutlich in der Ablehnung der neuen Republik ist die Deutsche Volkspartei (DVP). Sie rekrutiert sich überwiegend aus der untergegangenen Nationalliberalen Partei, vor allem aus deren rechtem Flügel, der aus monarchistisch gesinnten Bildungsbürgern und Industriellen besteht. Der linke Flügel hingegen geht mit der Fortschrittlichen Volkspartei in der Deutschen Demokratischen Partei (DDP) auf, einer Vereinigung von liberalen Bildungsbürgern, Mittelständlern und Beamten, die sich entschieden für eine parlamentarisch-demokratische Republik aussprechen.

Gar nicht verändert hat sich das Zentrum, die 1870 gegründete Repräsentanz des politischen Katholizismus, die unter dem Dach der Konfession relativ weite Bevölkerungsgruppen verbindet, von denen manche die Republik mehr als notwendiges Übel hinnehmen, während die Arbeiter in der Partei die Revolution begeistert unterstützen.

Von den tiefsten parteipolitischen Verwerfungen, die der Krieg hinterlassen hat, schweigt die SPD, denn sie betreffen sie selbst. Die Partei tritt eigentlich nur noch als MSPD auf, als Vertreterin der Mehrheitssozialdemokratie, womit die Abgrenzung gegen die Spalter von der Unabhängigen SPD deutlich gemacht werden soll, die sich 1917 aus Protest gegen Burgfrieden und Kriegskredite formiert hat. Während die MSPD energisch das Ziel einer parlamentarisch-demokratischen Republik verfolgt, sympathisieren zumindest Teile der USPD mit einem Rätesystem nach russischem Vorbild, was neben umfangreichen Sozialisierungen auch eine vollständige Absage an die Gewaltenteilung bedeuten würde.

Während der Revolution zerbricht die Linke weiter: Unter Führung von Rosa Luxemburg und Karl Liebknecht löst sich der Spartakusbund von der USPD. Nach der Niederschlagung der Weihnachtsunruhen von 1918 geht er in der neu gegründeten Kommunistischen Partei Deutschlands (KPD) auf, tatkräftig unterstützt von der bolschewistischen russischen Führung. Nichts ist schlimmer als Bruderhass – der größte Feind sind aus Sicht der KPD während der Weimarer Jahre die »Sozialfaschisten« von der SPD. In den völkisch-nationalen Hasspredigern jeglicher Couleur meint man dagegen letzte Zuckungen des Spätkapitalismus zu erkennen und hält sie damit im Grunde schon für erledigt.

Die Wahl zur Nationalversammlung am 19. Januar 1919 ist die wichtigste Station auf dem Weg in die neue Ordnung. Zum ersten Mal kann in Deutschland wirklich demokratisch abgestimmt werden: in

EIN HOCH AUF DIE REPUBLIK! Am 21. August 1919 legt Reichspräsident Friedrich Ebert seinen Eid auf die neue Verfassung ab. Vom Balkon des Weimarer Nationaltheaters grüßt er gemeinsam mit Abgeordneten der Nationalversammlung

allgemeiner, gleicher, geheimer, unmittelbarer Verhältniswahl, ohne Rücksicht auf Stand und Beruf und ohne Rücksicht auf das Geschlecht. Die Wahlbeteiligung liegt bei beeindruckenden 83 Prozent.

Die MSPD wird mit fast 38 Prozent strahlende Siegerin; Zentrum und DDP erhalten jeweils gerade einmal die Hälfte. Der linke Rand spielt keine Rolle: Die USPD ist mit 7,6 Prozent weit abgeschlagen, die KDP ist aus Protest gegen die brutale Niederschlagung des »Spartakusaufstandes« eine Woche zuvor gar nicht erst angetreten. Die rechten Republikfeinde von DNVP und DVP allerdings kommen zusammen auf beachtliche 14,7 Prozent.

Eine klare Mehrheit ergibt sich aus diesem Votum nicht. Aber Zentrum und Liberale treibt es in die SPD-geführte Regierung. Zusammen bringt es die erste »Weimarer Koalition« damit auf 76 Prozent der Stimmen.

Eigentlich ist es ein unwahrscheinliches Bündnis: Sozialismus mit Katholizismus und Liberalismus.

NEUER GEIST
Der Liberale Hugo Preuß entwirft die neue Verfassung. Artikel 1 lautet: »Das Deutsche Reich ist eine Republik. Die Staatsgewalt geht vom Volke aus«

WEITERLESEN
Horst Dreier, Christian Waldhoff (Hrsg.): »Das Wagnis der Demokratie. Eine Anatomie der Weimarer Reichsverfassung« C. H. Beck Verlag, München 2018

Doch es gibt Gemeinsamkeiten. So hat man 1917 im Reichstag einmütig eine Resolution verabschiedet, um auf einen Verständigungsfrieden hinzuarbeiten. Daran lässt sich anknüpfen. In der DDP bereitet zudem eine Personalentscheidung die Zusammenarbeit vor: Im November 1918 hat Friedrich Ebert den DDP-Mitbegründer Hugo Preuß zum Staatssekretär bestellt und ihn gebeten, eine Reichsverfassung auszuarbeiten. Eine kluge Wahl. Als Staatsrechtslehrer verfügt Preuß über die nötige juristische Expertise, als jüdischer Linksliberaler steht er in fühlbarer Distanz zur häufig christlich-konservativen Gelehrtenzunft. Politisch hat er bis dahin vorwiegend regional gewirkt und sich schon deshalb nicht an der wilhelminischen Kriegstreiberei beteiligt.

Gleichwohl lastet auf der Nationalversammlung eine schwere Hypothek, als sie Anfang 1919 ihre Arbeit beginnt. Die Versorgungslage ist desolat, die politischen Fliehkräfte sind enorm. Im Ruhrgebiet wird gestreikt, in Großstädten wie Bremen, Leipzig, Halle, Braunschweig und vor allem Berlin kommt es immer wieder zu Unruhen mit Hunderten Toten. Zugleich ist der außenpolitische Druck erheblich. Der Kriegszustand ist noch nicht beendet, und der Friedensvertrag, dessen Konturen sich abzeichnen, droht schmerzlich zu werden. Mit der raschen Etablierung einer stabilen parlamentarischen Demokratie, so die Überlegung, könnten die Alliierten für die kommenden Verhandlungen milde gestimmt werden, zumal man sich im Kampf gegen den Bolschewismus durchaus in einer Allianz mit den Siegermächten sieht.

Die Nationalversammlung muss das Reich also nach innen wie nach außen konsolidieren. Dass sie gerade in Weimar zusammenkommt, ist Teil dieses Projekts, ein Integrationsangebot an die konkurrierenden politischen Kräfte. Für die Welt ist Weimar ein Symbol deutscher Kultur und Zivilisation, für die deutschen Einzelstaaten steht es außerdem für einen Föderalismus, der mit der preußischen Dominanz bricht. Und zunächst sieht es so aus, als würde es in dieser Frage nicht nur bei Symbolik bleiben. Der Zerschlagung der Dynastien soll die Zerschlagung der Territorien folgen, schlägt Hugo Preuß vor und entwirft eine Republik aus 16 etwa gleich großen Gebieten. Preußen wäre dabei auf seine historische Keimzelle rund um Königsberg geschrumpft. Zugleich distanziert sich die Nationalversammlung aber auch von separatistischen Experimenten, mit denen man vor allem in Süddeutschland und im Rheinland liebäugelt.

Als die Nationalversammlung am 6. Februar 1919 das erste Mal zusammenkommt, notiert das Protokoll für Eberts Eröffnungsrede immer wieder empörte Zwischenrufe. Nur bei einem Thema sind die Reihen fest geschlossen: Die Bedingungen der Alliierten für einen Waffenstillstand, die Ebert vorträgt, werden allseits mit »Pfuirufen« quittiert. Innenpolitisch indes ist die Versammlung tief gespalten. »Mit den alten Königen und Fürsten von Gottes Gnaden ist es für immer vorbei!«, ruft Ebert den Delegierten zu. Worauf von links begeistertes »Bravo« und von rechts dumpfer »Widerspruch« kommt. Ebert betont, die Revolution habe zur Niederlage an der Westfront nichts beigetragen – was bei den rechten Dolchstoß-Mythologen wiederum für erregtes Rumoren sorgt. Und vollends zerstritten sind die Lager, als Ebert feststellt, seine provisorische Regierung habe einen bankrotten Staat übernommen und sich hauptsächlich als »Konkursverwalter des alten Regimes« betätigen müssen.

Eberts glaubwürdig überparteilicher Regierungsstil trägt entscheidend dazu bei, dass die Rückkehr auf staatsrechtlich gesichertes Terrain trotz allem rasch voranschreitet. Am 10. Februar wird eine vorläufige Verfassung verabschiedet, einen Tag später Ebert zum Reichspräsidenten gewählt, weitere zwei Tage darauf steht die neue Regierung unter Philipp Scheidemann (SPD).

Anfang März einigt man sich darauf, die Verordnungen, die der Rat der Volksbeauftragten seit dem 9. November 1918 in großer Zahl erlassen hat, zu legalisieren und auch die Gesetze aus der Kaiserzeit prinzipiell anzuerkennen. Ein radikaler Bruch ist damit vermieden.

Am 28. Februar beginnen die Verhandlungen um die Verfassung. Der Vorschlag von Hugo Preuß zur Neuordnung der Länder ist da bereits kassiert; nicht zuletzt die Sozialdemokraten, für die Preußen nach der Aufgabe des Drei-Klassen-Wahlrechts eine Wählerbastion wird, widersetzen sich dem Umbau. Im Übrigen harren noch die wichtigsten Grundbegriffe – Demokratie, Republik, Reich, Grundrechte – der Klärung. Die Beratungen ziehen sich deshalb über 55 mitunter ausufernde Sitzungen hin.

Am 31. Juli wird die neue Verfassung beschlossen, am 11. August setzt Ebert seine Unterschrift darunter, drei Tage später tritt sie in Kraft: das Grundgesetz einer demokratischen, maßvoll föderalen Republik. Der sozialdemokratische Abgeordnete Eduard David kommentiert begeistert, Deutschland sei »fortan die demokratischste Demokratie der Welt«. Selbst Tho-

PROTESTZUG
Am 10. Dezember 1918 beginnt in Hamborn bei Duisburg eine Streikwelle. Arbeiter der Thyssen-Hüttenzeche »Gewerkschaft Deutscher Kaiser« treten in den Ausstand

A m Anfang geht es um höhere Löhne und eine Verkürzung der Schichten unter Tage. Die Not der Arbeiter und ihrer Familien ist groß: Seit drei Jahren herrscht extremer Hunger, im Winter friert man. Es fehlt an allem. Im Krieg sind die Reallöhne um ein Viertel gesunken. Das soll, das muss sich jetzt ändern. Die Erwartungen nach dem 9. November 1918 sind hoch.

Besonders drängen jene Menschen auf Verbesserungen, die wenig Bindung an die sozialdemokratische Arbeiterbewegung haben. Die Stadt Hamborn etwa im westlichen Ruhrgebiet ist von solchen Arbeitern geprägt. Innerhalb von 20 Jahren hat sich ihre Einwohnerzahl verzehnfacht, drei Viertel der männlichen Bewohner sind Arbeiter. Viele kamen aus dem ländlichen Umland oder aus den polnischen Teilen Preußens ins Ruhrgebiet, als die Firma Thyssen auf der grünen Wiese ihre Zechen hochzog.

Von Hamborn gehen nun Streiks aus, die sich schon im November in der gesamten Region ausbreiten. Mitte Dezember sind fast 30.000 Bergleute im Ausstand. Meist treten sie spontan in den Streik, in der Regel ohne Unterstützung durch die sozialdemokratisch orientierten freien Gewerkschaften. In Teilen des Ruhrgebiets finden anarchosyndikalistische Gruppen Zulauf und führen die Proteste mitunter an. In der zweiten Dezemberhälfte sterben in Gladbeck und Oberhausen mehrere Arbeiter bei Zusammenstößen mit dem Militär; in Mülheim wird das Anwesen von August und Fritz Thyssen gestürmt, zeitgenössischen Berichten zufolge können die beiden nur mit Mühe ihr Leben retten. Die Großindustriellen werden verhaftet und verbringen einige Tage im Gefängnis Moabit in Berlin.

Der Volksbeauftragte Hugo Haase (USPD) klagt, dass Verhandlungen mit den Arbeitern »dauernd durch die Spartakusleute« verhindert würden – alle radikalen Kräfte werden in diesen Monaten gern so bezeichnet. Kleinere Zugeständnisse der Zechenleitungen bewirken wenig. So greift die preußische Regierung ein: Ministerpräsident Heinrich Ströbel (USPD) handelt am 28. Dezember in Mülheim einen Kompromiss aus. Zugleich appelliert die Regierung an die Arbeiter, sich maßvoll zu verhalten; Anfang Januar 1919 erlässt sie (noch mit Beteiligung der USPD) eine Verfügung gegen »übertriebene Lohnforderungen«, welche die gesamte Wirtschaft gefährdeten.

Während die Regierung warnt, machen die Arbeiter die Erfahrung, dass die ausgehandelten Lohnerhöhungen verpuffen, weil die Preise davongaloppieren. Die Zahl der Streikenden zieht wieder an, und unter dem Eindruck des Berliner Januaraufstandes treten weitere Arbeiter aus Solidarität in den Streik. Am 11. Januar sind 82.000 Bergleute im Ausstand, 15 Prozent aller Kumpel des rheinisch-westfälischen Reviers. Zwei Monate nach der Novemberrevolution macht sich tiefe Unzufriedenheit mit dem bisher Erreichten breit. Ein großer Teil der Arbeiterschaft sieht zudem konterrevolutionäre Kräfte auf dem Vormarsch: Die Oberste Heeresleitung ist inzwischen wieder mächtig.

Die Spitze der SPD erkennt die Gefahren von rechts nicht. Nach dem Ausscheiden der USPD aus der Revolutionsregierung Ende Dezember 1918 ent-

MUTMACHER
Am 4. April 1919 ruft der Zentral-Zechenrat die Bergarbeiter an Rhein und Ruhr auf, geschlossen und friedlich weiterzustreiken

scheiden Friedrich Ebert und die Mehrheitssozialdemokraten, militärisch gegen Unruhen, Streiks und Aufstände vorzugehen. Der Volksbeauftragte Gustav Noske plant, mit der Hilfe von Freikorps »eine gewisse Ordnung« in Deutschland herzustellen.

Der Essener Arbeiter- und Soldatenrat, in dem SPD, USPD und KPD vertreten sind, geht einen anderen Weg: Er setzt ein deutliches Signal und beginnt mit der Sozialisierung des Bergbaus – ganz so, wie das der Reichsrätekongress, der oberste revolutionäre Souverän, Mitte Dezember beschlossen hat. Um die Sozialisierung umzusetzen, wird ein »Volkskommissar« ernannt und eine »Neunerkommission« aus je drei Parteivertretern gegründet; ein Rätesystem soll in Zukunft die Mitbestimmung der Arbeiterschaft garantieren. Am 13. Januar bekräftigt eine Konferenz aller Arbeiter- und Soldatenräte des rheinisch-westfälischen Industriegebiets diese Beschlüsse: Die Sozialisierung soll sich am Räteprinzip orientieren, ein mehrstufiges System von Betriebsräten wird eingeführt, deren Wahl bereits für den folgenden Tag angesetzt wird.

Gemeinsam geben die sozialistischen Parteien an der Ruhr damit der spontanen Lohnbewegung der Bergarbeiter ein politisches Ziel – und haben durchschlagenden Erfolg. Sämtliche Bergarbeiterverbände rufen zur Beteiligung an den Wahlen auf; innerhalb weniger Tage brechen die Belegschaften den Streik wieder ab. Die gewaltige Gefahr, die der gesamten deutschen Wirtschaft wegen ihrer extremen Abhängigkeit von der Kohle drohte, ist erst einmal gebannt. Die Essener Sozialisierungsinitiative strahlt auch nach Mitteldeutschland aus: Die Arbeiter- und Soldatenräte aus der Bergbauregion um Halle und Merseburg schließen sich bald an.

Der Reichsregierung allerdings gehen die Ideen der Essener zu weit. Sie ist bereit, Betriebsräten sozialpolitische Rechte zuzugestehen, lehnt aber ein umfassendes betriebliches Kontrollrecht ab. Eine bittere Enttäuschung für viele Arbeiter, die ihren Streik in der Hoffnung abgebrochen haben, eine weitreichende betriebliche Mitbestimmung zu erhalten.

Mit einer weiteren Entscheidung bringt die Regierung die revolutionäre Basis endgültig in Rage: Am 19. Januar werden »Ausführungsbestimmungen« zu der vom Reichsrätekongress beschlossenen Militärreform erlassen, die den Willen der Räte nahezu ins Gegenteil verkehren und dem alten Offizierskorps die militärische Kommandogewalt belassen. Die revolutionären Soldaten versetzt das in Aufruhr. Der Generalsoldatenrat in Münster, zentraler Rat für das VII. Armeekorps, erkennt die Ausführungsbestimmungen nicht an und nimmt stattdessen für sich selbst in Anspruch, die Kommandogewalt auszuüben. Der gerade ernannte kommandierende General des VII. Armeekorps, Freiherr Oskar von Watter, lässt daraufhin am 11. Februar den Generalsoldatenrat auflösen und dessen Mitglieder verhaften.

Watters Vorgehen wird auch von vielen sozialdemokratischen Arbeitern als gegenrevolutionäre Provokation verstanden. Am 14. Februar fordern die Vertreter der Arbeiter- und Soldatenräte von der Regierung die sofortige Wiedereinsetzung des Soldatenrates in Münster. Sie drohen mit Generalstreik, woraufhin Watter das Freikorps Lichtschlag zu einer »Befriedungsaktion« nach Hervest-Dorsten im Norden des Ruhrgebiets vorrücken lässt. Dort ist am 10. Februar der Bürgervorsteher von einem offenbar geistig verwirrten Mann erschossen worden – für Watter ein willkommener Anlass, Stärke zu demonstrieren. Arbeiter verteidigen die Ortschaft, sind aber chancenlos gegen das Geschützfeuer der Angreifer. Etwa 30 Tote haben die Arbeiter zu beklagen, auf der Gegenseite sind es zwei.

Das Freikorps Lichtschlag zieht im Anschluss eine wahre Blutspur durch das Revier, was ihm den Namen »Freikorps Totschlag« einträgt. Die Brutalität bringt die Bergmänner zur Weißglut und treibt sie endgültig in den Streik. Auf seinem Höhepunkt um den 20. Februar beteiligen sich etwa 180.000 Menschen daran, rund die Hälfte aller Belegschaften. Nun rücken Freikorps an vielen Orten ins Revier ein.

Auch linksradikale Arbeiterformationen treten zu regelrechten Gefechten an. Besonders dramatisch ist der Fall Bottrop: Bewaffnete Arbeiter, die sich aus Hervest-Dorsten zurückgezogen haben, werden von der Bottroper Volkswehr angegriffen und verhaftet. Beim Versuch, sie zu befreien, kommt es zunächst zu Demonstrationen, dann zum Feuergefecht. Schließlich setzen die angreifenden linken Verbände am 20. Februar sogar Artillerie gegen das Rathaus von Bottrop ein. Die Kämpfe fordern fast 100 Menschenleben, die Mehrheit aufseiten der Angreifer. Von »mehr als 500 mit Geschützen und Waffen aller Art gut ausgerüsteten Spartakisten« sei die Stadt besetzt worden, heißt es im amtlichen Bericht.

Die Kämpfe in Bottrop zeigen deutlich die fortschreitende Radikalisierung eines Teils der Arbeiterschaft im Frühjahr 1919 und werden in Weimar als Fanal verstanden. Reichsministerpräsident Philipp Scheidemann (SPD) erklärt am 21. Februar in der Nationalversammlung, alles drohe zusammenzubrechen, wenn es nicht gelinge, »dem Wahnsinn und Verbrechen im Ruhrgebiet entschlossen ein Ende zu machen«. Die Arbeiter- und Soldatenräte des Reviers lassen es zur militärischen Eskalation jedoch nicht kommen: Sie brechen den Generalstreik ab.

Beinahe zeitgleich beginnt dafür im mitteldeutschen Industriegebiet um Halle ein Generalstreik, der fast alle Branchen erfasst. Als der Streik am 27. Februar seinen Höhepunkt erreicht, beteiligen sich 75 Prozent der Arbeiterschaft. Die Streikbewegung ist – anders als an Rhein und Ruhr – von Anfang an streng politisch ausgerichtet, denn Halle ist eine Hochburg der USPD. Im Mittelpunkt steht die Forderung nach »Demokratie in den Betrieben durch direkt und gemeinsam gewählte Betriebsräte der Angestellten und Arbeiter«. Man will ein »Mitbestimmungsrecht durch die Betriebsräte als Vorbedingung für den Sozialismus«.

Ohne dass es zu Unruhen gekommen wäre, rückt General Ludwig Maercker mit seinem Landesjägerkorps in die Stadt ein. Am 2. März verkündet er den Belagerungszustand. In den folgenden Tagen kommt es zu Kämpfen, bei denen es unter den Revolutionären und in der Bevölkerung 29 Tote und 67 Verwundete gibt, aufseiten der Freikorps 7 Tote und 22 Verwundete. Parallel verhandelt die Regierung mit den Streikenden. Sie sagt zu, die Betriebsräte in der Verfassung abzusichern, auch außerhalb des Bergbaus Betriebsräte einzuführen und deren Rechte auszubauen. Die wirtschaftliche Demokratie sei ebenso wichtig wie die politische. Nicht der militärische Einmarsch, sondern die Bereitschaft der Regierung zu Konzessionen sorgt am 8. März für ein rasches Ende des Generalstreiks in Mitteldeutschland.

Im rheinisch-westfälischen Industrierevier ist die Lage nach dem abgebrochenen Februarstreik und den blutig niedergeschlagenen Märzunruhen in Berlin angespannt geblieben. Als es in Witten am 24. und 25. März zu schweren Zusammenstößen zwischen demonstrierenden Arbeitern und der Polizei kommt, die elf Tote und zahlreiche Verwundete fordern, löst das sofort eine neue Streikwelle in der Region aus.

Von Anfang an geht es in diesem Streik um politische Fragen, insbesondere um die dauerhafte Anerkennung der Arbeiter- und Soldatenräte und um einen Kurswechsel in der Militärpolitik. Am 1. April streiken fast 160.000 Arbeiter, am 10. April sind es mehr als 307.000, drei Viertel aller Zechenbelegschaften des Ruhrgebiets. Seit 1905 hat das Revier einen Bergarbeiterstreik von solcher Ausdehnung und Wucht nicht mehr erlebt.

Die Regierung reagiert hart: Sie verhängt den Belagerungszustand, lässt General Watter mit 30.000 Mann aufmarschieren und stellt ihm den SPD-Abgeordneten Carl Severing als Staatskommissar an die Seite. Der nutzt seine außerordentlichen Vollmachten rigoros, lässt Streikführer verhaften und Streikbrecher mit Sonderrationen an Lebensmitteln belohnen. Die Verbitterung der Arbeiter ist groß. Die Streikenden erhalten keinerlei finanzielle Unterstützung, nehmen also schmerzhafte Einbußen in Kauf. Und doch sinkt ihre Zahl nur langsam. Am 24. April befindet sich noch immer ein Drittel der Belegschaften im Ausstand. Erst am 2. Mai endet dieser letzte große Streik des Frühjahrs im rheinisch-westfälischen Revier.

Zurück bleibt enormer Schaden, nicht nur wirtschaftlicher, sondern auch politischer. Die Streiks im Frühjahr 1919 richten sich nicht gegen die parlamentarische Demokratie, die gerade in Weimar entsteht. Ihr Ziel ist es vielmehr, Kontroll- und Mitbestimmungsrechte der Arbeiter in den Betrieben zu erreichen, demokratische Prinzipien auch auf die Wirtschaft und das Militär zu übertragen.

Dass diese Bewegung militärisch niedergeschlagen wird, ist fatal. Am Ende hat wohl kaum einer der Streikenden den Eindruck, die neue Republik sei auch eine Republik der Arbeiter. Die Regierungsparteien lösen immerhin ihre Zusage ein, Sozialisierung und Räte in die Weimarer Verfassung aufzunehmen: Artikel 156 schafft die Möglichkeit, »geeignete private wirtschaftliche Unternehmungen« in »Gemeineigentum« zu überführen, und Artikel 165 formuliert den Gedanken gleichberechtigter Mitwirkung der Arbeiter und Angestellten in allen Fragen der Lohn- und Arbeitsbedingungen und der wirtschaftlichen Entwicklung. Das bleibt – wie später auch das Betriebsrätegesetz vom Februar 1920 – deutlich hinter den Hoffnungen und Erwartungen der Streikbewegung zurück. Aber es ist wenigstens ein Anfang für die versprochene Demokratie in der Wirtschaft. ■

WOLFGANG NIESS *ist Journalist und Historiker. Er lebt in Stuttgart*

WEITERLESEN
Wolfgang Niess: »Die Revolution von 1918/19. Der wahre Beginn unserer Demokratie« Europa Verlag, Berlin 2017

Rote Träume, Weißer Terror

Noch bevor die Umsturzbewegung Berlin erreicht, ruft Kurt Eisner am 8. November 1918 den Freistaat Bayern aus. Auf den Spuren der Revolution in München

VON CHRISTOPH DIECKMANN

TATORT
Die Gedenkplatte für Kurt Eisner in München zeigt die Umrisse seines Körpers – dort, wo der USPD-Politiker im Februar 1919 erschossen wurde

Revolution, hier? Dem Münchner Mittagsvolk scheint jeder Aufruhr fremd. Es flaniert durch die hochmögende Kardinal-Faulhaber-Straße, es schwenkt Einkaufstüten, es eilt zum Termin. Wer innehält, erblickt, quer übers Trottoir, die Silhouette eines kleinen Mannes, hingestreckt, wie von der Spurensicherung gezeichnet.

Grüß Gott, wissen Sie, an welchem Geschichtsort Sie sich befinden?

Natürlich!, ruft der finanzielle Herr. Beim Stammsitz der HypoVereinsbank!

Kurt Eisner? Münchner Räterepublik?

Hm, da war was in der Schule, aber im Schweinsgalopp, wir mussten noch Hitler und 1945 schaffen.

Ja, nee, sagt die Shopperin. Äh, Sozialdemokraten? Die Freundin: Wir gehn mal weiter, sonst blamiern wir uns.

Der vitale Senior: Ich hab's schon dreimal gewusst, jetzt ist es wieder weg.

Der Schwabe: Ich weiß nicht, wer da lag, aber da lag mal wer.

Hier steht's: »Kurt Eisner, der am 8. November 1918 die Bayerische Republik ausrief, nachmaliger Ministerpräsident des Volksstaates Bayern, wurde an dieser Stelle am 21. Februar 1919 ermordet.«

Aus der Boutique tritt der punkige Verkäufer. Dies sei kein vergessener Ort. Stadtführer machten hier Station. Man höre auch rechte Kommentare: Volksfeind, Roter, Jude.

Ich bin Jüdin, sagt die Dame. Mich besorgt, wie die AfD in der jüdischen Gemeinde unterschätzt wird. Zwar glaube ich nicht, dass uns ein neues Nazi-Regime bevorsteht ...

Man sollte nicht denken, derlei sei in Deutschland nie mehr möglich, sagt der Anwalt Dietrich von Buttlar. Ein interessierter Kreis von Münchnern weiß noch von Eisner und wie später Gewalt die Gesellschaft polarisierte.

Und die Räterepublik, hatte sie eine Chance?

Nein. Sie blieb lokal, ihr fehlte Rückhalt in der Bevölkerung. Unweigerlich? Eisner, Landauer, Mühsam hofften auf die moralische Reifung des Volks.

Solche Illusionen hatte ich mit 18 auch, sagt Herr von Buttlar. Jetzt bin ich 65. Der Mensch ist auf seinen Vorteil bedacht.

Im Kriegs- und Hungerwinter 1918 heißt der Vorteil Leben. Das Völkermorden steht im vierten Jahr, da wird im Januar die Münchner Rüstungsindustrie bestreikt. Zu den Initiatoren gehört der Journalist Kurt Eisner, geboren 1867 in Berlin. Einst Redakteur des *Vorwärts,* ist er während des Krieges von der burg- und siegfriedlichen SPD zur antimilitaristischen USPD gewechselt. Der Massenstreik gebiert den Volksredner Eisner. Doch SPD und Gewerkschaften ziehen nicht mit, die Arbeitsniederlegung endet nach wenigen Tagen. Eisner wird wegen »versuchten Landesverrats« bis Oktober 1918 inhaftiert.

Am 7. November 1918 rufen in München SPD und USPD zur Friedenskundgebung. 60.000 strömen zur Theresienwiese und lauschen einem Dutzend Redner. Per Resolution verlangt man sofortigen Friedenschluss, die Abdankung des Kaisers, Arbeitslosenversicherung und Achtstundentag. Sodann folgt die Masse dem katholisch-monarchistischen SPD-Führer Erhard Auer stadteinwärts und löst sich am Friedensengel auf. Zweitausend Demonstranten, darunter viele Soldaten, ziehen allerdings mit Eisner zu den Kasernen im Norden, wo sie begeisterten Zulauf finden. Nun strebt man zur königlichen Residenz.

Ludwig III. flüchtet samt Gattin, Kronprinz, vier Prinzessinnen und seiner Zigarrenkiste. Sein revolutionierender Leibchauffeur verweigert »Herrn Wittelsbach« die Beförderung. Ein Wagen landet mit der königlichen Fracht im Straßengraben. So demissioniert das Haus Wittelsbach, nach 738 Jahren. Am 12. November 1918 entbindet Ludwig Bayerns Beamte vom Treueeid auf seine Person.

Schon in der Nacht zum 8. November hat Kurt Eisner im Mathäserbräu den Freien Volksstaat Bayern proklamiert. Ein Arbeiter-, Soldaten- und Bauernrat wählt Eisner zum Ministerpräsidenten. Das Innenministerium überträgt er seinem SPD-Widersacher Erhard Auer »als Symbol der neuen Einheit der Sozialdemokratie«; ohne die Mehrheits-SPD müsse die demokratische Volkserneuerung scheitern. Eisner fehlt, was Auer hat: die Massenbasis einer Partei, gewerkschaftlich organisiertes Proletariat.

Vorerst verdeckt die Doppelspitze das Schisma der bayerischen Revolution: den Dualismus zwischen Räten und Parlament. Eisner begreift beide als kommunizierende Organe. In Räten, den »Schulen der Demokratie«, lerne das Volk, politisch zu handeln. Die »ständige Mitarbeit aller Schaffenden in Stadt und Land« belebe das parlamentarische Regiment. »Wir wollen der Welt das Beispiel geben, daß endlich einmal eine Revolution [...] die Idee, das Ideal und die Wirklichkeit vereint«, anders als 1917 Lenins russischer Oktoberputsch. »Wir errichten keine Diktatur des Säbels.« Jedes Menschenleben sei heilig. Frauenwahlrecht und Achtstundentag werden etabliert. Banken und die sieche Wirtschaft bleiben unangetastet: »Man kann nicht sozialisieren, wenn kaum etwas da ist.« Durch Trennung von Kirche und Staat endet die katholische Schulaufsicht, worauf Kardinal Faulhaber Eisners Regierung als »Jehovas Zorn« geißelt. Pressefreiheit ist garantiert, trotz antirevolutionärer Dauerhetze. Der Entente-Knecht Eisner, erfährt das schaudernde Bürgertum, sei in Wahrheit der galizische Jude Samuel Kosmanowsky. Regierungsmedien gibt es nicht.

Außenpolitisch erhofft Eisner günstigere Friedensbedingungen für Bayern durch Separatverhandlungen mit den Siegermächten – vergeblich. Er strebt föderale »Vereinigte Staaten von Deutschland« an. Untergegangen sei Bismarcks militaristisches Kaiserreich, »ein diktatorisch vergrößertes Preußen«. Das Eingeständnis der deutschen Hauptschuld am Weltkrieg inklusive der sozialdemo-

ERLEUCHTET
Eine Stele markiert die Stätte, an der Eisner die Republik ausrief. Am Ort des einstigen Mathäserbräus steht heute ein Filmpalast

kratischen Schützenhilfe ist Eisners bleibendes Verdienst. Er publiziert entlarvende Dokumente und deklariert: »Wir rufen über unser Land hinaus zu den Völkern, die gestern noch uns Feinde waren: Wir bekennen unsere Schuld! [...] Das war der letzte Krieg!«

Welch hochgesinnter Freimut. Welche Überforderung der geschlagenen, seelisch verwahrlosten Nation – auch der Mehrheits-SPD, für Eisner ein »ängstlich kleinbürgerliches Philistergebilde«, »eine bis zur Komik getreue Volksausgabe des Staates, in dem sie lebt«. In Berlin herrsche mit Ebert und Scheidemann die Konterrevolution. »Die Regierungssozialisten, die bisher geheime Regierungsagenten waren, sind nun offen in die bankrotte Firma eingetreten.« Bayerische Wahlen zögert Eisner hinaus. Der Kantianer ahnt, dass seine Aufklärungsmoral kein Plebiszit gewinnt. Das gebeutelte Volk will Ordnung, staatliche Funktionalität. Bei der Wahl zum verfassunggebenden Landtag am 12. Januar 1919 erringt Eisners USPD 2,5 Prozent, Auers SPD 33 Prozent der Stimmen. Es siegt die Bayerische Volkspartei mit 35 Prozent, auch dank ihrer Kampagne gegen »die jüdisch-bolschewistische Revolution«. Kommunisten und Anarchisten boykottieren die Wahl.

Am 21. Februar begibt sich Eisner zur Landtagseröffnung, in der Tasche seine Rücktrittsrede. In der Promenadestraße (heute Kardinal-Faulhaber-Straße) lauert sein Mörder. Anton Graf von Arco auf Valley, Jura-Student, Sohn einer jüdischen Mutter, ist von der antisemitischen Thule-Gesellschaft ausgeschlossen worden. Jetzt beweist er deutschrassigen Edelmut und knallt den »Landesverräter« rücklings ab. Dessen Leibwächter feuern zu spät.

»Es war klarkalt«, notiert der Schriftsteller Oskar Maria Graf. »Die Glocken von allen Türmen fingen zu läuten an, die Trambahnen hörten mit einem Mal zu fahren auf [...], und eine schwere, ungewisse Stille brach an. Alle Menschen liefen mit verstörten Gesichtern stadteinwärts. [...] Ich stürmte weiter in die Promenadestraße, an den Mordplatz. Da hatten sich Hunderte schweigend um die mit Sägespänen bedeckten Blutspuren Eisners zu einem Kreis gestaut. Fast niemand sagte ein lautes Wort. Frauen weinten leis und auch Männer. Etliche Soldaten traten in die Mitte und errichteten eine Gewehrpyramide.«

In bürgerlichen Quartieren, in Gymnasien, an der Universität wird gejubelt. Im Landtag Tumult. Auer, ausgerechnet, spricht eine Würdigung Eisners. Herein stürmt der Metzger Alois Lindner, Mitglied des Revolutionären Arbeiterrats. Erschießen will er Auer, den vermeintlichen Anstifter des Mords. Im Gewirr tötet er zwei Menschen und verletzt Auer schwer. Der Chirurg Ferdinand Sauerbruch rettet an diesem Tag zwei Leben: Auers und Arcos. Zu Eisners Begräbnis am 26. Februar läuten in ganz Bayern die Glocken. Hunderttausende strömen. In einer Filmaufnahme meint man Adolf Hitler zu erspähen.

Eisners Tod radikalisiert, vertieft den Riss zwischen Parlament und Räten. Fortan fehlt der Integrator. Noch am 21. Februar konstituiert sich ein neuer Rätekongress und, als Vollzugsorgan, ein elfköpfiger Zentralrat, geleitet von Ernst Niekisch (SPD). Am 17. März wählt der Landtag Johannes Hoffmann (SPD) zum Chef einer BVP-tolerierten Minderheitsregierung. Weltrevolutionär elektrisiert durch Béla Kuns ungarische Räterepublik, proklamieren am 7. April Vertreter von SPD und USPD, Arbeiterräte, Bauernbündler und Anarchisten die bayerische Räterepublik. Deren Protagonisten sind pazifistische Schriftsteller: Ernst Toller, Gustav Landauer, Erich Mühsam. Die Kommunisten verweigern sich, weil sie nicht führen dürfen und den Rechtssozialisten misstrauen. Außerdem fehle die revolutionäre Massenbasis.

Hoffmanns Kabinett, für abgesetzt erklärt, entweicht nach Bamberg. In München verbleibt die republikanische Schutztruppe. Deren Chef Alfred Seyffertitz bezieht Order aus Bamberg. Am Morgen des 13. April dringt er ins Wittelsbacher Palais ein, verhaftet Mühsam und ein Dutzend Räterepublikaner, hofft jedoch vergeblich auf Verstärkung aus den Münchner Garnisonen. Die Schutztruppe verschanzt sich im Hauptbahnhof, wo sie von revolutionärer Miliz unter Führung des ehemaligen Matrosen Rudolf Egelhofer angegriffen wird. Gegen 21 Uhr türmt Seyffertitz mit den Seinen auf einer Lokomotive. 21 Menschen sind tot. So endet der »Palmsonntagputsch«. So beginnt das Blutvergießen.

VERSTEINERT
Auf dem Münchner Ostfriedhof erinnert die Replik eines Denkmals von 1922 an den ersten bayerischen Ministerpräsidenten. Das Original wurde 1933 zerstört

Voreilig, da fern vom Schuss, begrüßt der Schwabinger Tagebuchschreiber Thomas Mann den Sturz der Räterepublikaner: »Ich hätte nichts dagegen, wenn man sie als Schädlinge erschösse.« Nun übernehmen Kommunisten die Führung: Max Levien, der aus Berlin entsandte Berufsrevolutionär Eugen Leviné, Egelhofer als Stadtkommandant. Sie rekrutieren eine Bürgerwehr, prahlerisch Rote Armee genannt. Der große Angriff kommt gewiss. Die Bamberger Regierung sammelt rechtsradikale Freikorps-Verbände. Eberts Militärminister Gustav Noske schickt Reichswehr gen München. Einer dreifachen Übermacht von 36.000 Kriegern unterliegt die Räterepublik am 2. Mai, nach tagelangen Kämpfen, bei denen etwa 700 Menschen sterben. Danach rast der Weiße Terror und tötet weiter. Die Mordlust hat Lizenz: Aufständischen gebührt auf Noskes Befehl kein Pardon.

Gustav Landauer wird bei seiner Einlieferung ins Zuchthaus Stadelheim bestialisch ermordet. Eugen Leviné und Rudolf Egelhofer bekommen einen Prozess und werden erschossen. Max Levien entkommt nach Österreich. Ernst Toller entgeht knapp der Todesstrafe, dank Fürsprache von Max Weber und Thomas Mann: Er sei ein reiner Idealist. Fünf Jahre Haft. »Ich glaube nicht an die ›böse‹ Natur des Menschen«, schreibt Toller, »ich glaube, dass er das Schrecklichste tut aus Mangel an Fantasie, aus Trägheit des Herzens.«

Retrospektive Erzähler beschreiben die Räteregierung gern als Kuriositätenkabinett: Ernst Toller als bescheidener Premier mit Büro im Badezimmer, Erich Mühsams anarchopoetisches Walten, Silvio Gesell und seine Schrumpfgeld-Philosophie, der durchgeknallte Dr. Franz Lipp, Volksbeauftragter für Äußeres, der dem Papst telegrafiert, die Bamberger Regierung habe den Kloschlüssel entwendet ... *Träumer. Als die Dichter die Macht übernahmen,* so nannte Volker Weidermann sein süffiges Epochenbild. Historisch klarer berichten *Das Wintermärchen* von Ralf Höller und *Der kurze Frühling der Räterepublik* von Simon Schaupp.

Wer die Geschichte aus erster Hand erfahren möchte, der lese Ernst Tollers *Eine Jugend in Deutschland.* Toller erzählt vom nationalen Waffenrausch, vom Maximalverbrechen Krieg und von der Verzweiflungshoffnung, dass eine künftige Gesellschaft zur Liebe fähig sei. *Die Revolution* und *Aufruf zum Sozialismus* von Gustav Landauer entwerfen eine Philosophie gewaltloser Emanzipation. Wirrsal und Untergang der Räterepublik schildert der bajuwarische Kraftkerl Oskar Maria Graf in seinem Volksbuch *Wir sind Gefangene.* Bürgerliche Ressentiments bündelt Victor Klemperers Reportage-Sammlung *Man möchte immer weinen und lachen in einem.* Der jüdische Romanist Klemperer ist 1919 Korrespondent der *Leipziger Neuesten Nachrichten* und peinlich auf seine nationale Assimilation bedacht. Noch wähnt er, deutsche Ordnung garantiere Humanität.

Nur wenige Spuren der Räterepublik haben überdauert. Am Ort des Wittelsbacher Palais, nach 1933 Gestapo-Hauptquartier, klotzt nun eine Bank. An das verschwundene Mathäserbräu erinnert das Kino Mathäser, an Eisner eine bescheidene Stele im Foyer. Auch die Gräber sind nicht leicht zu finden. Auf dem hinteren Ostfriedhof führt ein Wegestern zu einem Quader mit der Widmung DEN TOTEN DER REVOLUTION. Seitlich liest man Ernst Tollers Worte: WER DIE PFADE BEREITET, STIRBT AN DER SCHWELLE, DOCH ES NEIGT SICH VOR IHM IN EHRFURCHT DER TOD.

Der Stein ist eine Nachkriegs-Replik. Das Original, 1922 errichtet, barg Kurt Eisners Urne. 1933 zerstörten die Nazis das Mal. Hohnvoll übersandten sie die Urne der jüdischen Gemeinde, gebührenpflichtig. Nun ruhen Eisner und Landauer im selben Grab auf dem Neuen Israelitischen Friedhof, nahezu verborgen unter Bäumen. Efeu erklimmt den Granit. Fast unauffindbar ragt im Gräberdickicht ein schwarzer Marmor-Obelisk: EUGEN LEVINÉ 5. JUNI 1919.

Auf dem Friedhof Gräfelfing ehrt ein Gedenkort 53 russische Kriegsgefangene, die am 2. Mai 1919 in einem Steinbruch erschossen wurden. Sie waren nicht beteiligt an der Räterepublik, ebenso zwölf denunzierte Perlacher Bürger, die ein Freikorps-Trupp am 5. Mai 1919 im Biergarten des Hofbräukellers füsilierte. Eine Tafel an der Mauer nennt die Namen, ein Schild warnt vor der heutigen braunen Gefahr: Kastanienschlag. Die Speisekarte erinnert an den Mord und vermerkt, dass wenig später, am 16. Oktober 1919, Hitler im Hofbräukeller seine erste politische Rede schwang. Wie die braune Gewaltherrschaft aufstieg, zeigt das NS-Dokumentationszentrum am Königsplatz, der einstigen Akropolis der Nazis.

Am 7. Mai 1919 endete der Weiße Terror mit einem Gemetzel, begangen vom Freikorps Bayreuth. 21 Handwerksburschen des katholischen Gesellenvereins St. Joseph wurden irrtümlich verhaftet und im Keller des Prinz-Georg-Palais massakriert. Das war dem Bürgertum zu viel. Die Namen der Opfer verzeichnet Lion Feuchtwangers Epochenroman *Erfolg*, im kaltglühenden Kapitel *Aus der Geschichte der Stadt München*. In dem Palais am Karolinenplatz wohnt heute der Sparkassenverband Bayern. Anruf. Nein, Sie können nicht in den Keller, da ist ja auch alles umgebaut. Nein, wir haben keine Gedenktafel, aber irgendwo in der Nähe gibt's wohl irgendwas für die Geschwister Scholl.

Auch die Räterepublik mordete. Zehn Menschen, zumeist Mitglieder der präfaschistischen Thule-Gesellschaft, wurden wegen Fälschung von Regierungsstempeln und Pässen im Luitpold-Gymnasium festgesetzt, dann am 30. April 1919 erschossen. Sechs weitere Häftlinge rettete der entsetzte Ernst Toller. Das Gymnasium wurde 1944 zerbombt. Sein Erbe bewahrt das Albert-Einstein-Gymnasium in München-Harlaching. Zu den Ahnen der Schule zählen Christoph Probst und Alexander Schmorell, Märtyrer der Weißen Rose. Die Geschichtslehrerin Regine Ginster ist wohlvertraut mit der Räterepublik. Ihr Unterricht wirkt wie ein Forschungsseminar für quicke 17-Jährige, die Deutschlands und Münchens Vergangenheit begreifen möchten: das Nachkriegs-Chaos, das demoralisierte Land, die Heilspropheten und Revolutionäre, die beharrlichen Kräfte des Untertanenstaats, die nationalistisch verherrlichte Gewalt, von Jugend auf. In den Freikorps wüteten viele, die das »Fronterlebnis« nachholen wollten. Und das Volk? Selbstbestimmung unerwünscht? Auch heute? Wahnsinnig viele Menschen wünschten Obrigkeit, die sagt, wo's langgeht.

Seit hundert Jahren wird diese Geschichte aus Siegersicht geschrieben. So urteilt ein Enzyklopädist der Räterepublik, der Maler, Bildhauer, Historiker und Psychologe Günther Gerstenberg. Er entwirft ein Panorama des politischen Katholizismus, beginnend mit der Gegenreformation. Staatshierarchien und Milieugeflechte zeugten sich fort in der CSU, der Folge-Organisation der Bayerischen Volkspartei. Die SPD? Sei systemfromm eingebunden, wie zu Auers Zeiten. Welch Kampf, bis Eisner, Toller, Landauer, Mühsam endlich ins Münchner Straßenverzeichnis gerieten. Gerstenberg hat die Münchner Grünen mitgegründet, ebenso die Künstlergemeinschaft Erich Mühsam, zur Vergegenwärtigung des pazifistischen Barden, den die Nazis 1934 im KZ Oranienburg erhängten. »Soldaten! Ruft's von Front zu Front: / Es ruhe das Gewehr! / Wer für die Reichen bluten konnt, / Kann für die Seinen mehr. / Ihr drüben! Auf zur gleichen Pflicht! / Vergeßt den Freund im Feinde nicht! / Nach Hause jedes Heer.«

Der Hausherr kredenzt Pilsner Urquell, mit dem wahrhaft anarchistischen Satz: Das Münchner Bier kann man ja nicht trinken. Wenn Gerstenberg spricht, weht der Geist der idealischen Erhebung. In München gebe es eine Unmenge NGOs, Genossenschaften, selbstorganisierte Subkulturen, den bayerischen Flüchtlingsrat, die Initiative Ausgehetzt ... Wir arbeiten gegen die Orbanisierung Bayerns, sagt er, unverzagt. Ohne Demokratie von unten fährt Europa an die Wand. ■

CHRISTOPH DIECKMANN *ist Autor der ZEIT und lebt in Berlin*

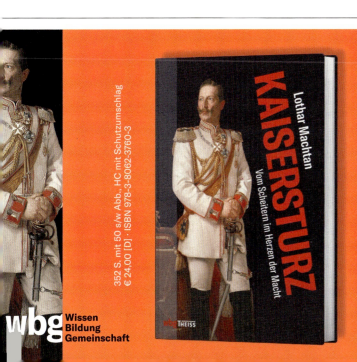

»Anregend, originell und höchst informativ!«
Ian Kershaw

Das bizarre Zusammenspiel von Intrige und Politik im innersten Zirkel der Macht – meisterhaft in Szene gesetzt von Lothar Machtan.

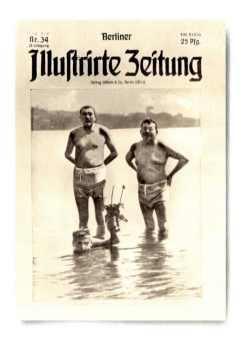

Hat die SPD die Revolution verraten?

Noske und Ebert, der Pakt mit den alten Eliten
und das Gedenken an 1918:
Die Historiker Walter Mühlhausen und Karl Heinz Roth im Streitgespräch

BADEN GEGANGEN

Die »Berliner Illustrirte Zeitung« bringt Noske und Ebert in Badehose auf den Titel – pünktlich zu Eberts Vereidigung als Reichspräsident am 21. August 1919 (links). Zu sehen sind sie im Juli in der Ostsee. Das Bild zieht weite Kreise: Feinde der Republik erblicken im halb nackten Staatsoberhaupt ein Sinnbild des Niedergangs, zu heftig ist der Wandel vom Glanz des Kaisers zur Bodenständigkeit des Arbeiterführers. So verspottet die Zeitschrift »Satyr« Noske als Affen, Ebert als Kugelbauch (Mitte). Beide tragen Höschen in den Farben des Kaiserreichs, das mit ihnen baden geht. Postkarten variieren das Motiv weiter: Die Neujahrsgrüße 1919/20 zeigen Noske als bewaffneten Soldaten und Ebert mit Zylinder und schwarz-rot-goldener Schärpe. Die Zeile »Auch unsere Zukunft liegt auf dem Wasser!!!« spielt auf den Flottenwahn Kaiser Wilhelms II. an und prophezeit den SPD-Politikern ein ebenso böses Ende

ZEIT Geschichte: Herr Mühlhausen, 100 Jahre Novemberrevolution – für die SPD ein Grund zum Feiern?

Walter Mühlhausen: Ja. Die Revolution hat die Demokratie gebracht. Bis zum 8. November 1918 glaubten die Sozialdemokraten selbst nicht daran; als der Umsturz aber Berlin erreichte, versuchten sie, den Weg zu freien Wahlen und zur Nationalversammlung, in die Demokratie zu bahnen. Das können wir feiern.

Karl Heinz Roth: Ich sehe keinen Grund zum Feiern. Die Revolution wurde abgebogen und zerstört durch die Konterrevolution, angeführt von der SPD. Ich will die Schritte in Richtung Demokratie nicht leugnen, und die wirtschaftlichen Reformen brachten vorübergehend den Achtstundentag. Aber das waren Zugeständnisse der alten Eliten in einer Notsituation. Als sie die Lage im Griff hatten, haben sie den Spieß umgedreht.

ZEIT Geschichte: War der Pakt mit der Obersten Heeresleitung ein historischer Fehler der SPD?

Mühlhausen: Schauen Sie auf die konkrete Situation: Am 10. November schließt Friedrich Ebert das Bündnis mit Wilhelm Groener. In Compiègne verhandelt man über den Waffenstillstand. Millionen Soldaten sollen innerhalb von 15 Tagen demobilisiert werden. Wer soll das machen? Am Telefon unterstellt sich die OHL Ebert und dem Rat der Volksbeauftragten, der nicht gerade fest im Sattel sitzt. Später wurde daraus eine unheilige Allianz, weil die Gewalt zunehmend die Politik bestimmte. In der Rückschau wissen wir, wo das hinführte, aber in der damaligen Wahrnehmung war diese Kooperation unausweichlich.

Roth: Sie war keineswegs unausweichlich. Die Volksbeauftragten hätten die Heeresleitung absetzen können! Es stimmt auch nicht, dass es nur um die Demobilmachung ging. In den folgenden Wochen telefonierten Groener und Ebert fast jeden Abend; sie koordinierten ihre Schläge gegen die Revolutionäre. Im Rat der Volksbeauftragten desavouierten die SPD-Leute zudem ihre USPD-Kollegen, in Abstimmung mit der Heeresleitung. Es gibt keine Mitschnitte der Telefonate, aber Groener schreibt dies in seinen Erinnerungen; ebenso der Verbindungsoffizier der OHL beim Rat. Über Ihre Interpretation, Herr Mühlhausen, ist der Forschungsstand hinweggeschritten.

Mühlhausen: Auch wenn Sie jetzt lachen: Sie verlassen sich auf das, was Groener sieben Jahre später in einem Untersuchungsausschuss gesagt hat. Ebert war da schon tot und konnte nicht mehr widersprechen. Er will am 10. November verhindern, dass die alten Offiziere eine Revolte beginnen – die Offiziere und die OHL sind ja nicht über Nacht verschwunden!

Roth: Die OHL ist vollkommen bankrott. Sie kann nicht mehr handeln und hat kaum noch loyale Soldaten. Mit Ausnahme der Gardetruppen, die in Abstimmung mit Ebert nach Berlin geholt werden, um die Revolution niederzuschlagen.

ZEIT Geschichte: Weihnachten 1918 setzt die Regierung zum ersten Mal Soldaten gegen Aufständische ein. Ist die Situation so bedrohlich geworden?

Mühlhausen: Es war eine Spirale der Gewalt, die sich in Berlin vom 6. Dezember an immer weiterdrehte. Feindbilder bauten sich auf; man polemisierte gegeneinander und zog schließlich in den Kampf. Die Bolschewistenfurcht ging um; Karl Liebknecht wurde für viele zur Hassfigur.

Roth: Die Massendemonstrationen am 9. November sind bewaffnet, die Revolutionären Obleute haben auch Waffen, das darf man nicht verharmlosen. Aber es sind sehr wenige Waffen. Die Gewalt

ging nicht in erster Linie von den Revolutionären aus, sondern von der SPD-Führung im Verbund mit dem alten Militär. Und es ist nicht nur Ebert: Der Berliner Stadtkommandant und Sozialdemokrat Otto Wels verschafft sich loyale Truppen, die er gegen die Revolution einsetzt. Gustav Noske gründet in Kiel die Eiserne Brigade, ein SPD-treues Freikorps aus Decksoffizieren.
ZEIT Geschichte: Wollte die Regierung durch Gewalt vor allem ihre Macht demonstrieren?
Mühlhausen: Im Januar und März 1919 wurde die Gewalt zügellos, sie war sicher auch eine Machtdemonstration. Aber auch hier bitte die konkrete Situation nicht vergessen: Im Aufruf der Revolutionäre vom 9. Januar steht, Scheidemann und Ebert, die »Judasse«, gehörten »ins Zuchthaus« oder »aufs Schafott«. Sie seien »Todfeinde«, gegen die man Waffen gebrauchen solle. Da haben sich Ebert und Scheidemann umgesehen, wer sie retten kann. Sie haben allerdings die Falschen gerufen, die Freikorps.
ZEIT Geschichte: Aus Angst um ihr Leben? Eine reale Bedrohung war der Bolschewismus doch kaum.
Mühlhausen: Natürlich hatten sie Angst! Das ist durch Quellen belegt. Schauen Sie in die Gesichter auf den Bildern aus diesen Tagen: Diese Männer sind abgehärtet, am Ende ihrer Kraft.
Roth: Ein Jahr zuvor haben in Russland die Bolschewiki gesiegt, kurz darauf beginnt der Bürgerkrieg. Das wissen auch die Menschen in Deutschland. Die Angst vor der Weltrevolution geht um; die Hetze der Konterrevolution einschließlich der Sozialdemokratie setzt genau auf dieses Furchtsyndrom und instrumentalisiert es. Die SPD bringt sich damit selbst in eine ausweglose Situation, denn ihre Führer sind in keiner Weise mehr bereit, sich mit der linken Opposition zu arrangieren.
ZEIT Geschichte: Trägt die SPD-Führung auch eine Mitverantwortung für die Morde an Liebknecht und Luxemburg?
Roth: Ja, dafür gibt es viele Hinweise. Waldemar Pabst, der Mann, der die beiden verhaften lässt, gibt 1962 in einem Interview mit dem *Spiegel* zu, dass er die Morde angeordnet habe. Aber er schreibt darüber hinaus 1968 in einem Brief, dass er dies ohne Zustimmung Noskes – mit Ebert im Hintergrund – nicht hätte tun können. Pabst sagt außerdem: »Wie wollen Sie sich erklären, dass ich niemals vernommen wurde?« Die Antwort liegt auf der Hand.
Mühlhausen: Es wundert mich, wie viel Redlichkeit Sie diesem Mörder zutrauen. Sie akzeptieren die Aussagen von Pabst aus den Sechzigerjahren als Beleg – aber Sie ignorieren, was etwa Philipp Scheidemann 14 Tage nach dem Mord an seine Kinder schreibt: Sie wüssten nicht mehr weiter, heißt es bei ihm, denn das sei eine Freveltat gewesen. Otto Landsberg schreibt Ähnliches, ebenso Hermann Müller. Die Schuld liegt nicht bei Ebert und Noske. Im Oktober 1919 wurde in der Kabinettsrunde über die viel zu milden Urteile für die Mörder gesprochen. Ebert sagte: Wir müssen den Prozess neu aufrollen, weil die Täter viel zu milde bestraft worden sind. Nach Ihrer Darstellung, Herr Roth, hätte Ebert ja fürchten müssen, selbst unter Verdacht zu geraten.
Roth: Aber es ist nichts passiert. Es wurde nichts wieder aufgerollt.

Mühlhausen: Dafür fand sich keine Mehrheit im Kabinett – Ebert ordnete sich Noske und der Mehrheit unter. Das war ein Fehler. Dort ist die Erklärung zu suchen, und nicht in den Briefen eines reaktionären Mörders, der 1968 sein Leben zurechtrückt. Pabst mehr zu glauben als Ebert ist nicht redlich.
Roth: Führende Sozialdemokraten, zum Beispiel im Großberliner Arbeiter- und Soldatenrat, haben, als sie von den Morden erfuhren, gesagt: Das kommt davon, wenn man so hetzt.
Mühlhausen: Ja. Aber das macht sie nicht zu Tätern.
ZEIT Geschichte: Im Winter 1918/19 überschlagen sich die Ereignisse. Ist die Regierung schlicht überfordert vom unglaublichen Tempo der Revolution?
Roth: Es entstehen kontingente Situationen, die völlig unerwartet kommen. Zum Beispiel die Situation, als die OHL erkennt, dass der Krieg verloren ist und man nützliche Idioten braucht, auf die man den Bankrott abwälzen kann. Das zwingt zum Handeln. Aber es gibt in jeder Situation Alternativen. Das Problem ist, dass die SPD-Führung von Anfang an jede politische Alternative und jede andere Variante der Revolution kategorisch ausgeschlossen hat. Dadurch blieb nur die bedingungslose Konfrontation.
Mühlhausen: Den anderen Weg, den Sie meinen, hätte es vielleicht gegeben. Aber es wäre eine Diktatur des Proletariats geworden, die selbst die Mehrheit der Arbeiterbewegung nicht wollte. Die Regierung hat in kürzester Zeit viel erreicht: Nach zehn Wochen gab es die ersten freien Wahlen, und als am 6. Februar die Nationalversammlung zusammentrat, waren seit Ausrufung der Republik nicht einmal 100 Tage vergangen. Zum Vergleich: 2017 hat es 60 Tage gedauert, bis vier Parteien festgestellt haben, dass sie nicht zusammen regieren können. Daran sieht man, wie schnell die SPD in der Revolution Entscheidungen treffen musste.
ZEIT Geschichte: Rechtfertigt das die Brutalität der Noske-Truppen?
Mühlhausen: Nein, das hätte nicht sein müssen. Der berüchtigte Noske-Schießbefehl war unsinnig.

WALTER MÜHLHAUSEN
ist Geschäftsführer der Reichspräsident-Friedrich-Ebert-Gedenkstätte in Heidelberg und lehrt an der Technischen Universität Darmstadt

KARL HEINZ ROTH
ist Historiker und Arzt. Er hat die »Stiftung für Sozialgeschichte« mitgegründet und forscht zur internationalen Arbeiterbewegung

Roth: Er war verbrecherisch.

ZEIT Geschichte: Sollte sich die SPD bei den Opfern entschuldigen?

Mühlhausen: Jetzt gehen wir zu weit.

Roth: Die SPD hat schlimme Fehler begangen. Den 100. Jahrestag sollte sie zum Anlass nehmen, eine Kommission zu gründen, die alle Namen der 5000 Ermordeten der Revolution rekonstruiert. Daraus könnte ein Lexikon entstehen, in dem die Mitverantwortung der sozialdemokratischen Führung unter Friedrich Ebert klar benannt wird.

ZEIT Geschichte: Sie haben gefordert, die Friedrich-Ebert-Stiftung umzubenennen.

Roth: Das fordere ich immer noch.

ZEIT Geschichte: »Ohne Sozialdemokraten gäbe es in Deutschland keine Republik und auch keine Demokratie.« Das hat Frank-Walter Steinmeier 2008 zum 90. Jahrestag der Revolution gesagt. Hat er nicht recht? Überwiegen nicht Eberts Verdienste?

Roth: Es bleibt das Problem, dass Ebert die alten Eliten nicht entmachtet hat. Er agierte kopflos, ohne Strategie, und schuf selbst die Voraussetzungen für die spätere Zerstörung der Demokratie. Auch den Besitz der ostelbischen Großgrundbesitzer hat Ebert nicht angetastet und die Industrie nicht sozialisiert.

Mühlhausen: Wie hätte die Regierung im Dezember 1918 die Betriebe sozialisieren sollen? Das wäre auf eine Diktatur hinausgelaufen. Im Herbst 1918 kamen 600.000 Traumatisierte von der Front zurück, dazu unzählige Kriegsverletzte; die brauchten Arbeitslosenunterstützung und keine Sozialisierung. Die SPD-Führung hat sich im entscheidenden Moment für die parlamentarische Demokratie eingesetzt; das war der Wille der Mehrheit der Deutschen, und das ist ihr historisches Verdienst.

Roth: Die demonstrierenden Massen im Winter 1918/19 wollten etwas anderes ...

Mühlhausen: Welche Massen? Nicht einmal acht Prozent haben USPD gewählt am 19. Januar. Der Berliner Kongress der Arbeiter- und Soldatenräte vertrat im Dezember 1918 – großzügig gerechnet – nur knapp die Hälfte der Bevölkerung.

ZEIT Geschichte: Die Massen folgten bald auch der SPD nicht mehr: Bei den Wahlen im Juni 1920 stürzte die Partei dramatisch von 38 auf knapp 22 Prozent ab.

Mühlhausen: Darin zeigt sich die Verbitterung von Teilen der Arbeiterbewegung. Aber es waren nicht alle enttäuscht. Den Arbeitern an der Ruhr zum Beispiel war es zunächst viel wichtiger, etwas zu essen zu haben und die Einfahrzeiten in die Stollen zu reduzieren. Erst danach kam die Sozialisierung.

Roth: Das stimmt nicht. Die Arbeiteraufstände von Januar bis April 1919 im Ruhrgebiet waren Streiks für die Sozialisierung. Dass sie auf brutale Weise niedergeschlagen wurden, demoralisierte die Arbeiter und brachte sie auf Distanz zur SPD.

ZEIT Geschichte: Wie sehr belastete die Spaltung der Arbeiterbewegung die Weimarer Republik?

> »Die Mehrheit der Arbeiter wollte keine Diktatur des Proletariats«

Roth: Der Pakt der SPD mit den alten Eliten hat die Möglichkeiten der Republik extrem eingeschränkt. Mit einem neuen Anlauf hätte man sicher einiges korrigieren können, aber den gab es nicht. Nach einer kurzen Blütephase brach die Republik unter ihrer ersten schweren Belastungsprobe zusammen, der Weltwirtschaftskrise von 1929/30.

Mühlhausen: Dass die Republik 1933 gescheitert ist, lag sicher an der Wirtschaftskrise, auch an der mangelnden Aufarbeitung der Kriegsschuld, am Versagen des Bürgertums. Aber nicht an den vermeintlichen Versäumnissen der Revolution.

ZEIT Geschichte: Die SPD zumindest hat sich in Weimar nie wirklich vom Absturz 1920 erholt.

Mühlhausen: In der Weimarer Republik wurde Regierungsteilhabe eigentlich immer abgestraft. Deswegen ist die SPD 1920 erst einmal mit einem Freudensprung in die Opposition gegangen, um sich zu regenerieren.

ZEIT Geschichte: War die Parteispitze damals klüger als heute?

Mühlhausen: Nein, das lässt sich mit der Situation von heute nicht vergleichen. Die Weimarer Republik war von außen bedrängt, innen wenig stabil und ökonomisch schwach.

ZEIT Geschichte: Die SPD verlor scharenweise Wähler, weil sie deren Interessen nicht mehr vertrat. So wie heute.

Mühlhausen: Vorsicht! Die Spaltung der Arbeiterbewegung lag damals im Weltkrieg begründet, durch die Revolutionszeit wurde sie nur verstärkt. Danach entstand Konkurrenz durch die KPD, die antidemokratisch war.

ZEIT Geschichte: Kann die SPD trotzdem etwas lernen aus der Geschichte der Revolution?

Roth: Ja. Sie sollte die Hartz-IV-Gesetze zurücknehmen. Die waren eindeutig gegen die Interessen der Arbeiter gerichtet. Die Sozialdemokratie hat durch sie eine Spaltung erlebt, heute gibt es die Linkspartei. Eine Lehre aus Weimar könnte sein, dass die Führung der SPD ihre Basis ernst nehmen sollte.

Mühlhausen: Die SPD muss in den sozialen Fragen stark sein, das kann sie aus der Geschichte lernen. Sie sollte sich auf ihre Kernthemen besinnen, dafür sorgen, dass es bezahlbaren Wohnraum gibt und eine auskömmliche Arbeit für jeden.

ZEIT Geschichte: Wäre die gerade abgeschaffte Historische Kommission der SPD nicht hilfreich, um die richtigen Schlüsse aus der Geschichte zu ziehen?

Mühlhausen: Abgeschafft wurde die Historische Kommission beim Parteivorstand der SPD. Das war sinnlos und wenig hilfreich – wird aber wohl hoffentlich bald korrigiert. Doch selbst wenn die Historische Kommission beim Parteivorstand nicht mehr existiert, ist dadurch die geschichtliche Forschung über die Sozialdemokratie nicht beendet.

Roth: Das machen dann aber ...

Mühlhausen: ... Sie, und ich, Herr Roth. Genau. ∎

Das Gespräch führten FRANK WERNER *und* MARKUS FLOHR

GEGEN DIE REPUBLIK
Zwei Uniformierte schauen zu, wie Putschisten mit der Reichskriegsflagge und einem Maschinengewehr auf dem Lastwagen am Potsdamer Platz auffahren. Das Bild erscheint 1920 in Berliner Zeitungen

Putsch von rechts

Als im März 1920 Freikorps die Macht übernehmen, lässt die Reichswehr die Regierung im Stich. Umso brutaler zerschlägt sie die Arbeiter-Armee im Ruhrgebiet

VON JOHANNES HÜRTER

Nach der Revolution kommt die Konterrevolution, die wiederum neue revolutionäre Kräfte freisetzt – dieses vertraute Schema zeigte sich nach dem Ersten Weltkrieg auch in Deutschland. Doch erfolgte der antirepublikanische Gegenschlag in Form des Kapp-Putsches im März 1920 relativ spät und war vergleichsweise schwach. Auch der dadurch provozierte linke Aufstand im Ruhrgebiet blieb regional begrenzt und wuchs sich nicht zu einer wirklichen Bedrohung der neuen Ordnung aus. Trotzdem bildeten die beiden Ereignisse eine prägende Wegmarke in der Geschichte der Weimarer Republik.

Dass der erste ernsthafte Versuch von rechts, die politische Entwicklung umzukehren, so lange auf sich warten ließ, war vor allem zurückzuführen auf das Zweckbündnis der sozialdemokratisch geführten Regierung mit den alten Eliten in der Bürokratie und, noch wichtiger, im Militär. Die neuen Machthaber brachten die Reste der alten Armee und rechte Freikorps in Stellung, um im Innern gegen Linkssozialisten und Kommunisten und an der Ostgrenze gegen polnische Nationalisten vorzugehen.

Es war eine riskante Strategie, mithilfe antirepublikanischer Militärs und Paramilitärs das neue, durch eine moderate Revolution geschaffene politische System zu stabilisieren. Aber bis zum Sommer 1919 schien die Rechnung aufzugehen: Alle Aufstände wurden niedergeschlagen und die meisten östlichen Reichsgebiete gesichert.

Die Hoffnung jedoch, dass nun die Zeit friedlicher Gestaltung beginnt, wurde bald enttäuscht. Die wirtschaftspolitischen Weichenstellungen blieben umstritten, besonders die Finanz- und Steuerpolitik sowie die von der SPD erkämpfte betriebliche Mitbestimmung der Arbeiter. Was Konservativen und Liberalen als »sozialistisch« galt, ging vielen Sozialisten nicht weit genug. Eine Demonstration von Unabhängigen Sozialdemokraten (USPD) und Kommunisten gegen das Betriebsrätegesetz eskalierte am 13. Januar 1920: Vor dem Reichstag kam es zu einer wilden Schießerei mit 42 Toten. Nach diesem Ereignis radikalisierte sich die USPD weiter.

Doch auch die extreme Rechte, die von völkischen Gruppen bis in die nationalkonservative DNVP reichte, radikalisierte sich. Die Unterzeichnung des »Schandfriedens« von Versailles im Juni 1919 galt ihr ebenso als Verbrechen wie der angebliche »Dolchstoß« in den Rücken des »unbesiegten Heeres« – mit dieser infamen Behauptung fiel Hindenburg seinerseits der Republik in den Rücken. Der Hass der Rechten richtete sich vor allem gegen Reichsfinanzminister Matthias Erzberger (Zentrum), der den Waffenstillstand unterzeichnet hatte und auch wegen seiner Reformpolitik angefeindet wurde. Erzberger setzte sich gegen die Hetze zur Wehr. Der Verleumdungsprozess gegen seinen Widersacher Karl Helfferich Anfang 1920 geriet jedoch zu einem Tribunal gegen die Republik.

Zur selben Zeit formierte sich hinter den Kulissen der »nationale Widerstand«, der die Verhältnisse gewaltsam ändern wollte. Aktivisten der früheren Vaterlandspartei und andere Republikfeinde sammelten sich seit Oktober 1919 in der »Nationalen Vereinigung«, um den Umsturz vorzubereiten. Das genaue Ziel – Ständestaat, Monarchie, Diktatur? – blieb diffus, einen Kandidaten für die Regierungsspitze hatte man aber schon: Wolfgang Kapp. Der Mitgründer der Vaterlandspartei war seit 1907 als Generallandschaftsdirektor oberster Verwaltungschef von Ostpreußen.

Kapp und seine Mitverschwörer – unter ihnen zwielichtige Gestalten wie Hauptmann Waldemar Pabst, der für die Ermordung Karl Liebknechts und Rosa Luxemburgs verantwortlich war – bauten auf die Hilfe der Reichswehr und der mit ihr verbundenen paramilitärischen Kräfte. Eine Schlüsselrolle nahmen die Freikorps ein, die wie Regierungstruppen auftraten. Nicht alle, aber die meisten von ihnen waren dezidiert rechtsradikal und antirepublikanisch eingestellt.

Nach dem vorläufigen Ende der Revolutionskämpfe im Frühjahr 1919 bröckelte ihre Loyalität. Viele Freikorpskämpfer und reguläre Soldaten gingen ins Baltikum, wo ein brutaler Kleinkrieg zwischen Deutschen, Polen, Litauern, Letten und russischen Bolschewisten tobte. Die Reichsregierung unterstützte ihren Einsatz zunächst, befahl aber im Winter 1919 die Rückkehr. Seitdem bildeten die »Baltikumer« einen Unruheherd in den Streitkräften. Hinzu kamen Existenzängste: Nach Inkrafttreten des Versailler Vertrags Anfang 1920 musste das Heer schrittweise von über 250.000 auf 100.000 Mann reduziert werden. Die Freikorps sollten ganz verschwinden. Das brachte die Dinge, früher als geplant, ins Rollen.

Nun betrat General Walther Freiherr von Lüttwitz, Befehlshaber des Gruppenkommandos I der Reichswehr, die politische Bühne. Er galt als »Vater der Freikorps«. Schon im Januar 1919 hatte er Verbände befehligt, die gegen den Berliner »Spartakusaufstand« eingesetzt wurden. Außerdem pflegte er enge Beziehungen zu den Verschwörern um Kapp. Unter seinem Befehl standen zwei kampferprobte Freikorps, die Marine-Brigaden II und III. Die bei Berlin stationierte Brigade II unter Korvettenkapitän Hermann Ehrhardt hatte sich durch ihr brutales Vorgehen gegen die Münchner Räterepublik im Mai 1919 den Ruf einer rechtsradikalen Elitetruppe erworben. Der Verband nahm zahlreiche »Baltikumer« auf und trug die eigene

RECHTES SIGNAL
Stahlhelm der Marine-Brigade Ehrhardt. Schon vor der Gründung der NSDAP 1920 war das Hakenkreuz ein Symbol völkischer Gruppen

FÜR DIE REPUBLIK
Nachdem die Regierung zum Generalstreik aufgerufen hat, gehen in Berlin Hunderttausende auf die Straße. Demonstranten lassen die Konterrevolutionäre Kapp und Lüttwitz am Galgen baumeln

Gesinnung offen zur Schau: »Hakenkreuz am Stahlhelm, schwarz-weiß-rotes Band / Die Brigade Ehrhardt werden wir genannt«.

Als Reichswehrminister Gustav Noske die Auflösung der beiden Marine-Brigaden anordnete, eskalierte der schwelende Konflikt. Lüttwitz wollte den Verlust dieser »Kerntruppe« nicht hinnehmen und intervenierte am 10. März 1920 bei Reichspräsident Friedrich Ebert. Dabei drängte er nicht nur auf eine Rücknahme des Befehls, sondern forderte Neuwahlen, die Einsetzung von »Fachministern« und seine eigene Ernennung zum Oberbefehlshaber der Reichswehr. Es lief auf einen Staatsstreich hinaus. Doch anstatt den General sofort abzusetzen oder verhaften zu lassen, wiesen Ebert und Noske ihn lediglich ab und beurlaubten ihn erst einen Tag später. So blieb Lüttwitz genug Zeit, Ehrhardt, Kapp und deren Anhänger für den Putsch zu mobilisieren.

Am 12. März 1920 begannen die schwarzen Tage der Republik. An Finanzminister Erzberger blieb durch den Urteilsspruch im Beleidigungsprozess ein Korruptionsverdacht hängen; er trat zurück, die Rechte jubelte. In der Nacht zum 13. März spitzten sich die Ereignisse dramatisch zu: Während die Brigade Ehrhardt auf Berlin vorrückte, versuchte Noske die Reichswehrführung zu einem militärischen Eingreifen zugunsten der Regierung zu bewegen. Der loyale Chef der Heeresleitung, General Walther Reinhardt, unterstützte ihn mit dem Argument, selbst wenn die schnell verfügbaren Truppen dem Freikorps unterlegen seien, müsse ein Zeichen des Widerstands gesetzt werden, »damit man sieht, wo Recht und Unrecht ist«. Dem widersprachen jedoch alle übrigen Offiziere, allen voran der Chef des Truppenamts, General Hans von Seeckt. Ob er dabei wirklich den Satz »Reichswehr schießt nicht auf Reichswehr« sagte, ist nicht gesichert. Eindeutig war aber seine Botschaft: Die Generalität wollte die Einheit der Reichswehr nicht gefährden, neutral bleiben und abwarten. Der Wehrminister stand plötzlich ohne Armee da; das im November 1918 geschlossene Bündnis mit dem Militär lag in Scherben.

Noch in der Nacht beriet sich die Regierung. Nach der Verweigerung der Generale konnte sie sich nicht mehr dazu durchringen, der Reichswehr zu befehlen, das Regierungsviertel zu schützen und die Putschisten zu verhaften. Ebert, Reichskanzler Gustav Bauer (SPD) und die meisten Minister, auch Noske, verließen im Morgengrauen Berlin, kurz bevor die Brigade Ehrhardt ins Regierungsviertel einrückte. Das Krisenmanagement der Regierung war in diesem Moment wenig zielstrebig. Offenbar saß der Schock tief. Die Putschis-

TROPHÄEN DER SIEGER
Zwei Kämpfer der »Roten Ruhrarmee« liegen tot am Möllener Bahndamm im Kreis Wesel. Oben posieren Mitglieder der Reichswehr oder Freikorpssoldaten. Das Bild entstand vermutlich am 2. April 1920

ten besetzten die Hauptstadt und installierten Kapp als »Reichskanzler«, Lüttwitz als »Oberbefehlshaber«.

In dieser Situation veröffentlichte Ulrich Rauscher, Pressechef der Reichsregierung, einen Aufruf zum »Generalstreik auf der ganzen Linie« im Namen Eberts, der sozialdemokratischen Minister und der SPD-Führung. Offenbar handelte er ohne hinreichende Autorisierung. Später ist dieser Schritt oft kritisiert worden, da er jene Kräfte zu entfesseln drohte, die das Bündnis der gemäßigten Linken mit den alten Eliten bisher gebannt hatte. Jedoch blieb der Regierung kaum eine andere Wahl, nachdem sie von der Reichswehrführung im Stich gelassen worden war und sich auch auf die Polizei nicht verlassen konnte, also keine Machtmittel mehr in der Hand hatte. Die Freien Gewerkschaften und die Angestelltenverbände, in denen SPD und USPD dominierten, organisierten den Generalstreik. Zwei Tage später, am 15. März, schloss sich der Beamtenbund an. Mit einem Schlag stand das öffentliche Leben still – die Putschisten saßen in Berlin wie auf dem Trockenen.

Nur eine breite Unterstützung durch Reichswehr, Polizei, Beamtenschaft, Unternehmer und das konservative Bürgertum hätte den Staatsstreich jetzt noch retten können. Doch dieser war so dilettantisch vorbereitet, der Streik dagegen so beeindruckend, dass sich lediglich in den östlichen Provinzen nennenswerte Teile des Militärs und der Bürokratie zu den Putschisten bekannten.

Die aktive Parteinahme für die Republik war bei den Staatsorganen ebenfalls begrenzt, doch teilweise sehr effizient. So weigerte sich die Ministerialbürokratie des Reiches und Preußens, Weisungen der Kapp-Regierung zu befolgen. Die häufigste Reaktion war eine abwartende Haltung, selbst bei den Sympathisanten des Putsches, zu denen auch Erich Ludendorff zählte.

Das war zu wenig für eine erfolgreiche Konterrevolution. Bereits am 17. März, nach nur vier Tagen, gaben die Putschisten auf. Die Drahtzieher flohen vorübergehend ins Ausland, blieben aber auch nach ihrer Rückkehr weitgehend unbehelligt. Bei ihrem Abzug aus Berlin schoss die Brigade Ehrhardt am Brandenburger Tor auf Demonstranten und tötete zwölf Menschen.

Nach dem Scheitern des Putsches wurden die Rechnungen präsentiert. Die Freien Gewerkschaften forderten eine Demokratisierung von Militär, Polizei und Verwaltung sowie die Sozialisierung der Wirtschaft, außerdem den Rücktritt Noskes und anderer Politiker, die sich aus ihrer Sicht zu stark auf die konservativen Eliten eingelassen hatten. Nach Zugeständnissen der Regierung – meist nicht mehr als Lippenbekenntnisse – wurde der Generalstreik beendet. Der sichtbarste Erfolg war die Umbildung der Regierung, insbesondere der Abgang Noskes, dem sich General Reinhardt anschloss. Allerdings enttäuschte die Nachfolgeregelung die Erwartungen der linken Republikaner: Die SPD verzichtete ohne Not auf die Schlüsselposition des Reichswehrministers, während ausgerechnet Hans von Seeckt neuer Chef der Heeresleitung wurde. Die in Aussicht gestellte Demokratisierung der Staatsorgane wurde nur in Preußen aktiv betrieben. Dort schuf die neue SPD-geführte Regierung unter Otto Braun und Carl Severing durch konsequente Personalpolitik ein – am Ende zu schwaches – »Bollwerk« der Demokratie.

Die Reichsregierung versuchte einen politischen Spagat: Sie wollte die Lage nach dem Putsch durch Versprechen nach links und Rücksicht nach rechts deeskalieren. Dies führte nicht überall zum Erfolg. Im Ruhrgebiet war der Generalstreik schon früh in einen bewaffneten Kampf gegen die »Reaktion« übergegangen. Bei Abbruch des Streiks befand sich das gesamte Revier unter Kontrolle der etwa 50.000 Mann starken »Roten Ruhrarmee«, in der Freigewerkschaftler und Unabhängige Sozialdemokraten gegenüber Kommunisten und Syndikalisten die Mehrheit bildeten. Es handelte sich also nicht um einen »bolschewistischen Aufstand«, wie die Gegenpropaganda behauptete, sondern um eine heterogene Massenbewegung, in der sich die Verbitterung weiter Teile der Arbeiterschaft über die Konterrevolution und die nicht erreichten Ziele der Novemberrevolution entlud. Da die Bewegung bald in radikale und moderate Teile zerfiel, eine zentrale Führung fehlte und in manchen Revierstädten Chaos und Terror herrschten, wollte die Reichsregierung so schnell wie möglich die staatliche Autorität wiederherstellen.

Versuche der gemäßigten Kräfte beider Seiten, den Konflikt durch Verhandlungen und Zugeständnisse an die Arbeiterschaft zu lösen, wurden nicht nur von Anarchisten und Kommunisten, sondern auch von der Reichswehr hintertrieben. Der regionale Wehrkreiskommandeur Oskar von Watter hatte mit den Kapp-Putschisten sympathisiert und plädierte jetzt für eine harte Linie gegen proletarische Aktivisten, die gegen den Putsch mobilisiert worden waren.

Nachdem ein letztes Ultimatum zur Abgabe der Waffen am 2. April 1920 verstrichen war, ließ ihm die neue Reichsregierung unter Hermann Müller (SPD) freie Hand. Wie im Revolutionsjahr 1919 wurden rechtsradikale Freikorps von der Leine gelassen, auch solche, die eben noch die Konterrevolution unterstützt hatten, etwa die Brigaden Epp und Loewenfeld. General von Seeckt plante sogar, auf die Brigade Ehrhardt zurückzugreifen. Der ungleiche Kampf wurde von der Reichswehr und ihren Hilfstruppen wie ein Rachefeldzug geführt und war nach wenigen Tagen beendet. Die Zahl der getöteten, teilweise ermordeten Arbeiter ging in die Tausende, während die von der Regierung eingesetzten Soldaten und Polizisten etwa 370 Tote und Vermisste zu beklagen hatten.

Der Kapp-Putsch, seine Bekämpfung durch den Generalstreik und die revolutionäre Dynamik im Ruhrgebiet bildeten den Schlusspunkt der Revolutionszeit. Mit dem paradoxen Ergebnis, dass die Arbeiterschaft, obwohl sie geschlossen gegen die rechte Konterrevolution auftrat, endgültig in zwei große Lager zerbrach. Die regierenden Sozialdemokraten setzten erneut die Feinde der Republik gegen Arbeiter ein und opferten ihre sozialistischen Ideale einem verabsolutierten Ordnungsdenken – nicht nur die radikale Linke empfand dies als politisch-moralischen Bankrott.

Noch heute stellt sich die Frage, ob die von der SPD legitimierte Gewaltpolitik, wie sie im April 1920 an der Ruhr ein letztes Mal exekutiert wurde, wirklich ohne Alternative war. Zweifel sind hier ebenso angebracht wie bei der Frage, ob die ständigen Kompromisse mit den konservativen Eliten notwendig waren. Die Republikfeinde jedenfalls dankten den Sozialdemokraten und ihren Koalitionspartnern dieses Entgegenkommen nicht. Für Nationalkonservative und Rechtsextreme stand die Weimarer Koalition vor allem für »Schandfrieden« und »Marxismus«.

Die Quittung der Wähler folgte bei der Reichstagswahl vom 6. Juni 1920: Die Arbeiterschaft wanderte nach links, das Bürgertum nach rechts. Die Verluste der SPD (zugunsten der USPD) und der DDP (an die DVP) waren dramatisch. Die Sozialdemokraten stürzten von 37,9 auf 21,6 Prozent ab und verließen die Regierung. SPD, Zentrum und DDP, also die drei Parteien, die für die Weimarer Republik und ihre Verfassung einstanden, hatten die Mehrheit verloren und sollten sie nie wieder zurückgewinnen. ◼

JOHANNES HÜRTER *leitet die Forschungsabteilung München des Instituts für Zeitgeschichte*

VERVOLLSTÄNDIGEN SIE IHRE SAMMLUNG

Entdecken Sie große historische Figuren und bedeutende Epochen der Weltgeschichte neu. Sichern Sie sich jetzt noch die begehrten letzten Hefte aus dem ZEIT GESCHICHTE-Archiv für Ihre persönliche Sammlung.

Die Deutschen und ihre Soldaten
Bestell-Nr.: 32065
6,90 €*

Karl Marx
Bestell-Nr.: 31958
6,90 €*

Die Macht der Lüge
Bestell-Nr.: 31593
6,90 €*

Der Weg in den Holocaust
Bestell-Nr.: 31033
6,90 €*

Wir sind das Volk
Bestell-Nr.: 30887
6,90 €*

Heilige Kriege
Bestell-Nr.: 30637
5,90 €*

Die Russen und wir
Bestell-Nr.: 6931
5,90 €*

Napoleons Ende
Bestell-Nr.: 6827
5,90 €*

1945
Bestell-Nr.: 6436
5,90 €*

Bismarck
Bestell-Nr.: 6338
5,90 €*

Die Kirche und ihre Ketzer
Bestell-Nr.: 6137
5,90 €*

Augustus
Bestell-Nr.: 6095
5,90 €*

Willy Brandt
Bestell-Nr.: 3146
5,90 €*

Richard Wagner
Bestell-Nr.: 3530
5,90 €*

Die Brüder Grimm
Bestell-Nr.: 3439
5,90 €*

EINFACH BESTELLEN UNTER:

📞 040/32 80-101   www.zeit.de/shop-zeitgeschichte

ZEIT Geschichte

*zzgl. 1,90 € Versandkosten

Anbieter: Zeitverlag Gerd Bucerius GmbH & Co. KG, Buceriusstraße, Hamburg

Babylon Ballhaus

Mitten in der Revolution geben sich die Menschen der Lebensfreude hin – und tanzen

»TANGOTEE«: Ernst Ludwig Kirchner malte dieses Gemälde zwischen 1919 und 1921

Es ist eine Gier, eine Lust, ein Fliegen, ein Rausch. Der Krieg ist aus, Berlin tanzt. »Die Beine rasen wie verhext über die Diele, die Röcke fliegen, der Atem jagt [...]. Nie ist in Berlin so viel, so rasend getanzt worden«, berichtet das *Berliner Tageblatt* nach der Silvesternacht am 1. Januar 1919. Wie ein Rudel hungriger Wölfe habe sich das Volk »nach dem Fallen des Tanzverbots [...] auf die langentbehrte Lust« gestürzt. Die Kollegen von der *Berliner Volkszeitung* identifizieren einen allgemeinen Niedergang der Moral: »Das Tanzen vom frühen Nachmittag bis in die späte Nacht, die Sektgelage und all die gierende Luft sind nicht Leben, sondern die letzten Zuckungen einer dem Untergang geweihten Generation.« In Heidelberg berichtet der Mediävist Karl Hampe vom Jahreswechsel: Man beginne, »die Nächte durchzutanzen, als sei nichts geschehen«.

Wie ist es zu erklären, dass die Menschen in den Cafés und Ballsälen feiern, während auf den Straßen die Revolution herrscht? Die Beobachter der Berliner Silvesternacht betonen die Lust, die Erotik des Geschehens. Da scheinen Dämme zu brechen: Die Tänzer geben sich der Musik hin, schütteln jeden Zwang, jede Uniformierung ab. Der Kulturhistoriker Wolfgang Schivelbusch konstatiert »unterdrückte Triebenergien«, die nach Kriegsende frei geworden seien. Durch die Revolution wollen die Menschen sich jetzt, da der Krieg endlich Vergangenheit ist, jedenfalls nicht mehr vom Vergnügen abhalten lassen. »Geringer Eindruck der Revolution auf das großstädtische Leben«, notiert Harry Graf Kessler im Januar 1919.

Die Silvesternacht ist dann auch nur der Anfang. 1918/19 tanzt Deutschland Walzer, Foxtrott, Onestep, Twostep, und die Kunde von Jazz und Shimmy ist schon unterwegs nach Berlin. Es sind wohl deutsche Kriegsgefangene, die erstmals mit der Musik und den Modetänzen der frühen Zwanziger in Berührung kommen. In Paris hatte man schon 1917 die ersten Jazzbands erleben können. Als ihre Musik später auch nach Deutschland schwappt, schreibt der Journalist Hans Siemsen in der *Weltbühne*, es handele sich um »Musikkapellen, die einen ohne Alkohol besoffen machen«. Sich mit ausgeschalteter Vernunft dem Rhythmus zu überlassen sei, wie wenn man nach durchwachter Nacht endlich einschlafen dürfe. Der Jazz unterlaufe jeden Ansatz von Schneidigkeit, korrekter Haltung, von Stehkragen. Er sei würdelos – im positiven Sinne. So gesehen verraten die Tänzer Silvester 1918 nicht die Revolution – sie üben für ihre eigene, für die Revolution auf dem Tanzboden. Hätte der Kaiser Jazz getanzt, urteilt Siemsen, »niemals wäre das alles passiert«. **JUS**

CHRONIK DER REVOLUTION

29. September 1918
Die Oberste Heeresleitung (OHL) gesteht die Niederlage im Krieg gegen die Westmächte ein: Paul von Hindenburg und Erich Ludendorff fordern die Reichsregierung zu Waffenstillstandsverhandlungen auf

3. Oktober 1918
Prinz Max von Baden wird zum Reichskanzler ernannt und bildet ein Kabinett aus den Mehrheitsparteien des Reichstages (SPD, Zentrum und Fortschrittliche Volkspartei). Die neue Regierung schickt eine Note an US-Präsident Woodrow Wilson mit der Bitte um Friedensverhandlungen auf Grundlage seiner »14 Punkte«

23. Oktober 1918
Karl Liebknecht, Anführer der Spartakusgruppe, wird aus dem Zuchthaus Luckau (Brandenburg) entlassen und in Berlin von Tausenden Anhängern begrüßt

26. Oktober 1918
Es kommt zum Bruch zwischen Kaiser Wilhelm II. und den Generalen. Ludendorff wird aus der OHL entlassen. Der Reichstag leitet den Übergang des Kaiserreichs zur parlamentarischen Monarchie ein

29. Oktober 1918
Die Marineführung befiehlt das Auslaufen der Flotte zu einer letzten Schlacht. Matrosen in Wilhelmshaven verweigern den Befehl. Sie entwaffnen Offiziere, auf den Kriegsschiffen werden rote Flaggen gehisst. Kaiser Wilhelm begibt sich ins Große Hauptquartier im belgischen Kurort Spa

31. Oktober 1918
Die Meuterei wird von der Marineleitung beendet und das aufmüpfige III. Geschwader nach Kiel verlegt

2./3. November 1918
Matrosen fordern in Kiel die Freilassung ihrer wegen Befehlsverweigerung inhaftierten Kameraden. Werftarbeiter schließen sich den Demonstrationen an. Militär feuert in die Menge, sieben Menschen sterben

4. November 1918
Ein Arbeiter- und Soldatenrat übernimmt in Kiel die Macht. Gustav Noske (SPD) eilt in die Stadt, um sich an die Spitze des Aufstandes zu stellen

5./6. November 1918
Die Revolution erreicht Hamburg und Bremen und breitet sich dann im gesamten Reichsgebiet aus. Am 7. November unterbricht die Regierung den Bahn- und Nachrichtenverkehr nach Berlin

8. November 1918
Münchner Revolutionäre um Kurt Eisner rufen den Freistaat Bayern aus und stürzen die Wittelsbacher Monarchie. Auch in Braunschweig muss der Herzog abdanken – die ersten deutschen Throne fallen

9. November 1918
Die Revolution erreicht die Hauptstadt. Riesige Demonstrationszüge strömen ins Zentrum. Max von Baden verkündet ohne offizielle Einwilligung die Abdankung Kaiser Wilhelms und übergibt das Amt des Kanzlers an Friedrich Ebert (SPD). Philipp Scheidemann (SPD) ruft die Republik aus. Kurz darauf proklamiert Karl Liebknecht die »Freie Sozialistische Republik«. Am Abend setzt sich Wilhelm ins niederländische Exil ab

10. November 1918
Je drei Mitglieder von SPD und USPD bilden den Rat der Volksbeauftragten als Übergangsregierung. Ein Vollzugsrat der Arbeiter- und Soldatenräte soll ihn kontrollieren. Ebert lässt sich von Ludendorffs Nachfolger Wilhelm Groener am Abend telefonisch die Unterstützung der OHL zusichern

11. November 1918
Der Zentrumspolitiker Matthias Erzberger unterzeichnet in Compiègne den Waffenstillstand

12. November 1918
Der Rat der Volksbeauftragten schafft die Zensur ab, garantiert Meinungsfreiheit und führt das aktive und passive Wahlrecht auch für Frauen ein

15. November 1918
Großindustrie und Gewerkschaften schließen das Stinnes-Legien-Abkommen. Die Industriellen wollen eine Sozialisierung ihres Firmeneigentums verhindern, die Gewerkschaften ihren Einfluss gegenüber der Rätebewegung behaupten

Anfang Dez. 1918
Rückzug der deutschen Truppen über den Rhein. Es bilden sich die ersten Freikorps aus ehemaligen Frontsoldaten und Freiwilligen

6. Dezember 1918
Putschversuch von Soldaten, die Ebert eigenmächtig zum Präsidenten ausrufen und den Vollzugsrat festsetzen. Bei Protesten des Spartakusbundes gegen diesen Versuch der Konterrevolution werden 16 Demonstranten und Passanten getötet

10. Dezember 1918
Einzug der Gardetruppen in Berlin. Ebert empfängt die heimkehrenden Frontsoldaten mit der Feststellung: »Kein Feind hat euch überwunden«

16. Dezember 1918
Im Preußischen Abgeordnetenhaus in Berlin tagt bis zum 21. Dezember der Reichsrätekongress mit 500 Delegierten aller Arbeiter- und Soldatenräte. Die Versammlung beschließt Wahlen zur Nationalversammlung für den 19. Januar 1919, spricht sich gegen das Rätesystem aus und fordert eine radikale Militärreform

24. Dezember 1918
In der Hauptstadt entbrennen die »Weihnachtskämpfe«: Unter anderem wegen ausstehender Soldzahlungen riegeln Mitglieder der Volksmarinedivision – Matrosen, die dem Berliner Polizeipräsidenten Emil Eichhorn (USPD) unterstehen – das Regierungsviertel ab. Sie verschanzen sich in Schloss und Marstall. Ebert schickt erstmals

JANUARAUFSTAND: Am 11. Januar 1919 verschanzen sich Revolutionäre vor dem Verlagshaus Mosse im Berliner Zeitungsviertel hinter Papierrollen

reguläre Truppen. Deren Angriff scheitert jedoch kläglich

29. Dezember 1918
Aus Protest gegen das Vorgehen Eberts treten die USPD-Politiker aus dem Rat der Volksbeauftragten zurück. Sie werden durch SPD-Politiker ersetzt

30./31. Dez. 1918
Der Spartakusbund und linksradikale Gruppen schließen sich zur Kommunistischen Partei Deutschlands zusammen. Der Gründungsparteitag votiert dafür, die Wahlen zur Nationalversammlung zu boykottieren

4.–12. Januar 1919
Berlins Polizeipräsident Emil Eichhorn wird entlassen. Daraufhin beginnt in der Hauptstadt der Januaraufstand: Am 5. Januar ziehen große Demonstrationen ins Zeitungsviertel, bewaffnete Linksrevolutionäre besetzen die Druckereien und Verlagshäuser und bauen Barrikaden. Ein Generalstreik wird vorbereitet. Unter dem Oberbefehl Noskes schlagen Regierungstruppen und Freikorps den Aufstand blutig nieder. Gefangene werden misshandelt und erschossen

15. Januar 1919
Karl Liebknecht und Rosa Luxemburg werden von rechten Offizieren unter dem Befehl Waldemar Pabsts ermordet

18. Januar 1919
Beginn der Pariser Friedenskonferenz, auf der die Siegermächte die Vertragsbedingungen für Deutschland beraten

19. Januar 1919
Bei der Wahl zur verfassunggebenden Nationalversammlung wird die SPD mit 37,9 Prozent der Stimmen stärkste Partei, gefolgt vom Zentrum mit 19,7 und von der Deutschen Demokratischen Partei (DDP) mit 18,5 Prozent

6. Februar 1919
Erstmals tagt die Nationalversammlung in Weimar. Am 11. Februar wird Friedrich Ebert zum Reichspräsidenten gewählt. Er ernennt Philipp Scheidemann zum Regierungschef. SPD, Zentrum und DDP bilden die erste Regierungskoalition der Weimarer Republik

21. Februar 1919
Der bayerische Ministerpräsident Kurt Eisner wird in München auf offener Straße ermordet

3. März 1919
Beginn der Märzunruhen in Berlin, nachdem die Vollversammlung der Arbeiter- und Soldatenräte einen Generalstreik zur Rettung der Revolution beschlossen hat. Straßenkämpfe flammen auf, eine Falschmeldung über ein Massaker an Polizisten und Soldaten veranlasst Noske am 9. März zu einem Schießbefehl gegen Aufständische. Erst nach zehn Tagen enden die Kämpfe, bei denen mindestens 1200 Menschen sterben

7. April 1919
Ausrufung der Münchner Räterepublik. Die bayerische Regierung flüchtet nach Bamberg

Mitte April 1919
Im Ruhrgebiet streiken drei Viertel der Zechenbelegschaften für die Anerkennung der Arbeiter- und Soldatenräte und den Beginn der Sozialisierung

1. Mai 1919
Regierungstruppen und Freikorps marschieren in München ein und zerschlagen die Räterepublik. Dem Weißen Terror fallen Hunderte zum Opfer

28. Juni 1919
Unterzeichnung des Friedensvertrages in Versailles durch die deutsche Delegation

31. Juli 1919
Die Nationalversammlung verabschiedet die Weimarer Verfassung

13. März 1920
Putsch von rechts: Das Freikorps Ehrhardt besetzt das Regierungsviertel, die Reichswehr versagt Ebert und Noske die Gefolgschaft. Die Regierung flieht nach Stuttgart. Wolfgang Kapp wird zum Kanzler ernannt. Erst durch einen Generalstreik, den die Gewerkschaften organisieren, scheitert der Putsch

BIBLIOGRAFIE

ÜBERBLICK

Robert Gerwarth
Die größte aller Revolutionen
November 1918 und der Aufbruch in eine neue Zeit
Mit vergleichendem Blick bettet der Historiker den deutschen Umsturz in die europäische Demokratie- und Gewaltgeschichte ein
Siedler Verlag, München 2018;
384 S., 28,– €

Alexander Gallus (Hrsg.)
Die vergessene Revolution von 1918/19
Der Sammelband ist ein frühes Plädoyer, der Novemberrevolution endlich die gebotene Beachtung zu schenken
Vandenhoeck & Ruprecht, Göttingen 2010;
248 S., 30,– €

Joachim Käppner
1918 – Aufstand für die Freiheit
Die Revolution der Besonnenen
Ein kenntnisreiches, gut lesbares Buch, das die Leistungen der revolutionären Soldaten und Arbeiter betont
Piper Verlag, München 2017;
528 S., 28,– €

Wolfgang Niess
Die Revolution von 1918/19
Der wahre Beginn unserer Demokratie
Die Darstellung des Journalisten und Historikers würdigt die Errungenschaften und diskutiert die Krisen der Umsturzbewegung
Europa Verlag, Berlin u. a. 2017;
463 S., 24,90 €

Volker Ullrich
Die Revolution von 1918/19
Eine kompakte Einführung, die Erfolge und Misserfolge der Revolution herausarbeitet
C. H. Beck, 2., durchges. Auflage, München 2018;
127 S., 9,95 €

Heinrich August Winkler
Weimar 1918–1933
Die Geschichte der ersten deutschen Demokratie
Neue Ausgabe des Standardwerks von 1993, das noch immer den Blick der Deutschen auf die Weimarer Zeit prägt
C. H. Beck, München 2018;
711 S., 24,95 €

Christoph Regulski
Die Novemberrevolution
Kurze, übersichtliche Darstellung der Ereignisse
Marix Verlag, Wiesbaden 2018;
222 S., 6,– €

Klaus Gietinger
November 1918
Der verpasste Frühling des 20. Jahrhunderts
Scharf formulierte Streitschrift, die Fehler und Versäumnisse der SPD-Führung in den Mittelpunkt stellt
Edition Nautilus, Hamburg 2018;
272 S., 18,– €

Sebastian Haffner
Die deutsche Revolution 1918/19
Meisterhaft erzählt: Der Klassiker aus dem Jahr 1969 übt erstmals äußerst scharfe Kritik an der Rolle der SPD
Rowohlt Verlag, Reinbek 2018;
256 S., 15,– €

EINZELTHEMEN

Hedwig Richter und Kerstin Wolff (Hrsg.)
Frauenwahlrecht
Demokratisierung der Demokratie in Deutschland und Europa
Der Band zeigt, wie lange Frauen um das Wahlrecht gekämpft haben und wie ihr Erfolg die Gesellschaft verändert hat
Hamburger Edition, Hamburg 2018;
296 S., 30,– €

Lothar Machtan
Der Endzeitkanzler
Prinz Max von Baden und der Untergang des Kaiserreichs
Die Biografie erzählt vom letzten Kanzler unter dem Kaiser und von der dämmernden Revolution
Theiss Verlag/WBG, Darmstadt 2018;
686 S., 29,95 €

Udo Di Fabio
Die Weimarer Verfassung
Aufbruch und Scheitern
Der ehemalige Verfassungsrichter analysiert Entstehung und Wirkung der Weimarer Verfassung
C. H. Beck, München 2018;
299 S., 19,95 €

Bernhard Grau
Kurt Eisner
1867–1919. Eine Biografie
Ein gut recherchiertes Porträt des Literaten und Politikers Eisner, der den Umsturz in Bayern anführte
C. H. Beck, München 2017;
651 S., 22,– €

Wolfram Wette
Gustav Noske
Eine politische Biographie
In dieser viel diskutierten Studie beleuchtet der Historiker sehr kritisch die Rolle Noskes bei der Niederschlagung der Rätebewegung
Droste Verlag, Düsseldorf 1988;
686 S., antiquarisch

Hans-Jörg Czech, Olaf Matthes, Ortwin Pelc (Hrsg.)
Revolution! Revolution? Hamburg 1918/19
Der großformatige Begleitband zur Ausstellung im Museum für Hamburgische Geschichte (bis zum 25. Februar) schildert die Ereignisse auch über Hamburg hinaus in Bremen und Lübeck und glänzt mit Fotos und anderen Zeitdokumenten
Wachholtz Verlag, Kiel 2018;
351 S., 29,90 €

FOTOS UND QUELLEN

Anton Holzer
Krieg nach dem Krieg
Revolution und Umbruch 1918/19
Eindrückliche Bilder vom Alltag zwischen Krieg, Revolution und Republik in Deutschland und Österreich
Theiss Verlag/WBG, Berlin 2017;
192 S., 39,95 €

Gerhard Hirschfeld, Gerd Krumeich, Irina Renz
1918
Die Deutschen zwischen Weltkrieg und Revolution
Zusammenstellung von Tagebucheinträgen, Briefen, Fotos und Dokumenten, in denen die Dynamik der Ereignisse nachzufühlen ist
Ch. Links Verlag, Berlin 2018;
312 S., 25,– €

Ingo Juchler
1918/19 in Berlin
Schauplätze der Revolution
Das Bändchen liest sich wie ein Reiseführer für die Reichshauptstadt in der Zeit des Umsturzes
Be.Bra Verlag, Berlin 2018;
128 S., 16,– €

AUSSTELLUNGEN

Damenwahl!
100 Jahre Frauenwahlrecht
Das Historische Museum Frankfurt widmet sich dem Kampf für das Frauenwahlrecht und feiert den 100. Jahrestag am 19. Januar
Historisches Museum Frankfurt,
www.historisches-museum-frankfurt.de,
bis 20. Januar 2019

Die See revolutioniert das Land
Die Marine und die Revolution 1918/19
Anhand der Geschichten von zwölf Akteuren erzählt die Schau den Beginn des Matrosenaufstands
Deutsches Marinemuseum Wilhelmshaven,
www.marinemuseum.de,
bis 28. Februar 2019

Die Stunde der Matrosen
Kiel und die deutsche Revolution 1918
Die Ausstellung in der Kieler Fischhalle zeigt, wie sich die Revolution von den Schiffen in die Stadt und dann ins Reich ausgebreitet hat
Kieler Stadt- und Schifffahrtsmuseum,
www.kiel.de,
bis 17. März 2019

Zusammengestellt von der Redaktion

BILDNACHWEISE

Titel [M]: akg-images
S. 3: Deutsches Marinemuseum
S. 4/5: ullstein bild; Vera Tammen für ZEIT Geschichte; A. Psille/DHM, Berlin
S. 6–13: akg-images; Imperial War Museums (Q 110883); Scherl/SZ Photo; Robert Sennecke/ullstein bild [M]
S. 14–20 [M]: Kieler Stadt- und Schifffahrtsmuseum; Hermann Historica GmbH/Interfoto; Stadtmuseum Harburg; SHMH/Museum für Hamburgische Geschichte; A. Psille/DHM, Berlin; Historisches Museum Frankfurt, Foto: Horst Ziegenfusz
S. 22–27: akg-images; George Metcalf Archival Collection/Canadian War Museum (CWM 19930012-528); ullstein bild via Getty Images; akg-images
S. 28–33: akg-images (digital koloriert); Deutsches Marinemuseum; Scherl/SZ Photo; Bundesarchiv, Plak 002-001-011
S. 34–41: akg-images; Haeckel Archiv/ullstein bild; Bridgeman Images; SZ Photo; Scherl/SZ Photo; Willy Römer/Kunstbibliothek, SMB, Photothek Willy Römer/bpk
S. 42/43: akg-images
S. 44–49: akg-images (digital koloriert); © The Estate of Walter Trier, Vancouver, Kanada, Abb.: Dietmar Katz/Staatsbibliothek zu Berlin/bpk
S. 50–57: Bayerische Schlösserverwaltung, Maria Custodis, München; Arkivi UG/ddp images; Thronsaal im Schlossmuseum Braunschweig mit Leihgaben des Braunschweigischen Landesmuseums und des Städtischen Museums Braunschweig, Foto: Kruszewski/Schlossmuseum; akg-images (2); Lothar Steiner/Staatliche Schlösser, Gärten und Kunstsammlungen Mecklenburg-Vorpommern (Ausschnitt); Arkivi UG/ddp images
S. 58/59 [M]: Haus der Essener Geschichte/Stadtarchiv
S. 60–71: akg-images; Gircke/ullstein bild (Ausschnitt); Matthias Holz für ZEIT Geschichte; ullstein bild via Getty Images (Ausschnitt); DHM, Berlin; Willy Römer/Kunstbibliothek, SMB, Photothek Willy Römer/bpk (3); akg-images (3); Gircke/ullstein bild; Bundesarchiv, Bild 146-1971-109-34; akg-images; mit freundlicher Unterstützung der Bibliothek der Friedrich-Ebert-Stiftung (2)
S. 72–77: akg-images; Photo12/ullstein bild; Willy Römer/Kunstbibliothek, SMB, Photothek Willy Römer/bpk; United Archives International/imago; Scherl/SZ Photo; akg-images
S. 78–81: Zander & Labisch/ullstein bild; Scherl/SZ Photo
S. 82–87: DHM, Berlin (2); bpk; akg-images; Archiv der Stiftung Reichspräsident-Friedrich-Ebert-Gedenkstätte, Heidelberg; DHM, Berlin; ullstein bild via Getty Images; TV-Yesterday/Interfoto
S. 88–91: Haus der Essener Geschichte/Stadtarchiv (2)
S. 92–97 (Ausschnitte): Peter Kneffel/picture alliance; Lisa Forster/picture alliance
S. 98–101: SZ Photo; DHM/bpk; akg-images; Foto Pfeifer, Wiesloch [M]; Theo Bruns [M]
S. 102–107: Haeckel Archiv/ullstein bild; A. Psille/DHM, Berlin; Bundesarchiv, Bild 146-1978-029-31
S. 109: Heritage Images/Fine Art Images/akg-images
S. 110/111: Willy Römer/Kunstbibliothek, SMB, Photothek Willy Römer/bpk
S. 114: United Archives GmbH/action press; akg-images

IMPRESSUM

Herausgeber: Benedikt Erenz, Christian Staas, Dr. Volker Ullrich
Berater: Prof. Dr. Norbert Frei, Dr. Theo Sommer
Chefredakteur: Frank Werner
Redaktion: Judith Scholter, Markus Flohr
Grafik/Layout: Dietmar Dänecke, Maret Tholen
Bildredaktion: Andy Heller
Korrektorat: Thomas Worthmann (verantwortlich)
ZEIT Geschichte
Zeitverlag Gerd Bucerius GmbH & Co. KG
Buceriusstraße,
Eingang Speersort 1
20095 Hamburg
Telefon: 040 • 32 80-0
Fax: 040 • 32 71 11
E-Mail: DieZeit@zeit.de
Verlagsleitung: Sandra Kreft
Objektleitung: Malte Riken
Geschäftsführung: Dr. Rainer Esser
Vertrieb: Nils von der Kall
Marketing: René Beck
Presse- und Öffentlichkeitsarbeit: Silvie Rundel
Herstellung: Torsten Bastian (verantwortlich), Helga Ernst, Tim Paulsen
Repro: Andrea Drewes, Hanno Hammacher, Martin Hinz
Gesamtanzeigenleitung: Matthias Weidling
Anzeigenleitung Magazine: Maren Henke
Empfehlungsanzeigen: iq media marketing GmbH
Gesamtanzeigenleitung: Michael Zehentmeier
Anzeigenleitung: Anja Väterlein
Anzeigenpreise: ZEIT Geschichte-Preisliste Nr. 11 vom 1. Januar 2018
Druck: Firmengruppe APPL, appl druck, Wemding
Abonnement: Jahresabonnement (6 Hefte) 38,40 €, Lieferung frei Haus (Auslandsabonnementpreise auf Anfrage)
Abonnentenservice:
Telefon: 040 • 42 23 70 70
Fax: 040 • 42 23 70 90
E-Mail: abo@zeit.de
Diese Ausgabe enthält in Teilauflagen Publikationen folgender Unternehmen:
Remember Products GmbH, 47798 Krefeld
WBG Wissenschaftliche Buchgesellschaft, 64295 Darmstadt

VORSCHAU

TROIKA 1919: Der französische Ministerpräsident Clemenceau, US-Präsident Wilson und der britische Premier Lloyd George in Paris. Unten: Hitler als Profiteur des Versailler Vertrages; Karikatur aus der amerikanischen Zeitung »St. Louis Post-Dispatch« von 1930

Der Versailler Vertrag

Er sollte ewigen Frieden bringen – und eröffnete eine Epoche der Gewalt

Es ist ein Stelldichein der Mächtigen, das jeden bekannten Rahmen sprengt: Tausende Staatsmänner, Diplomaten, Berater, Militärs, Juristen, Ökonomen und Journalisten aus aller Welt kommen vor 100 Jahren in Paris zusammen. Am 18. Januar 1919 beginnen die Friedensverhandlungen, die wenige Monate später für Deutschland in den Versailler Vertrag münden. Und die zugleich eine neue Weltordnung begründen sollen. Die Erwartungen sind riesig, ebenso die Gegensätze: Deutschland hofft auf Milde, Frankreich fordert Härte, und der amerikanische Präsident Woodrow Wilson will überall auf der Welt der Demokratie zum Sieg verhelfen. Seine Formel vom Selbstbestimmungsrecht der Völker wirkt elektrisierend.

Doch Frieden und Freiheit währen nicht lange. Vor allem Osteuropa versinkt nach 1919 in einem Strudel der Gewalt. Und bis heute steht Versailles im Verdacht, dem Zweiten Weltkrieg den Boden bereitet zu haben. Unser neues Heft zeigt, wie überfordert die Friedensmacher waren und wie umkämpft der Frieden blieb – aber auch, wie offen und voller Chancen die Zukunft im Frühling 1919 war.

ZEIT Geschichte 1/2019:
Ab 15. Januar am Kiosk

mas Mann, zu dieser Zeit wahrlich kein Demokrat, notiert anerkennend in sein Tagebuch, die Nationalversammlung habe die »Wiederkehr von Würde und Selbstgefühl« eingeleitet. Auch andere konservative Beobachter, die sich noch Jahrzehnte später nicht dazu durchringen können, den Umsturz rundheraus als »legal« zu bezeichnen, räumen widerwillig ein, der regelhafte Ablauf lasse die Revolution tatsächlich eher wie eine Reform erscheinen.

War sie das? Oder loderte auch in der Nationalversammlung ein revolutionäres Feuer, trotz der parteipolitischen Kontinuitäten und trotz der buchhalterischen Routine des Geschäftsordnungsbetriebs? Lange Zeit hat man das Urteil vom Ende her gefällt und die Weimarer Verfassung vor allem nach den Merkmalen bewertet, die den Aufstieg der NSDAP ermöglicht haben könnten.

Die politischen Parteien, denen Hugo Preuß mit großem Misstrauen begegnete, blieben nach dieser Lesart als Akteure der gesellschaftlichen Willensbildung dramatisch unterbelichtet; ihnen gegenüber stand der Reichspräsident mit diktatorischen Befugnissen, der notfalls Teile der Verfassung suspendieren konnte. Dazu kam eine eigentümliche Unverbindlichkeit der Grundrechte, die über freundliche Programmsätze häufig nicht hinauszukommen schienen.

Weimar, auch juristisch ein Fehlschlag? Überzeugend ist diese Zuschreibung historischer Verantwortlichkeit nicht. Gewiss, eine wehrhafte Demokratie hat man in Weimar nicht errichtet. Aber wie alle Verfassungen war auch die Weimarer letztlich eine Wette auf die Zukunft: Der Buchstabe des Gesetzes lebt von der Hoffnung, zum Geist der politischen Mitte erkoren zu werden.

In Weimar hat man vergebens gehofft. Es waren nicht nur die Eliten, die als Demokraten versagt haben. Viele Bürger blieben in kühler Distanz zur Republik, weite Teile der Arbeiterschaft zeigten sich enttäuscht von ihr. Dabei hatte der neue Staat auch für sie seine vielleicht größte Leistung erbracht. »Adelsbezeichnungen gelten nur als Teil des Namens und dürfen nicht mehr verliehen werden«, heißt es in Artikel 109 der Verfassung. Ein juristischer Nebensatz degradiert die Adelstitel, Symbole jahrhundertelanger Herrschaft, zur dekorativen Erinnerung; fast schon beiläufig wird das Ende der alten Privilegiengesellschaft besiegelt. Das darf man durchaus revolutionär nennen. ■

BENJAMIN LAHUSEN *ist wissenschaftlicher Mitarbeiter an der Juristischen Fakultät der Berliner Humboldt-Universität*

Aufstand im Revier

Die Bergarbeiter drängen auf höhere Löhne und Mitbestimmung.
An Ruhr und Saale treten sie in den Generalstreik.
Die sozialdemokratisch geführte Regierung schickt das Militär VON WOLFGANG NIESS